Marion Jana Goeritz

SeelenEngel

Ein spiritueller Erfahrungsbericht

Bibliografische Information der Deutschen Nationalbibliothek:

Die Deutsche Nationalbibliothek verzeichnet diese Publikation in der Deutschen Nationalbibliografie; detaillierte bibliografische Daten sind im Internet über http://dnb.dnb.de abrufbar.

Coverbild: Marion Jana Goeritz

Herstellung und Verlag: BoD – Books on Demand, Norderstedt

ISBN: 978-3-7386-2588-2

Inhalt

Vorwort

Meine Seele, empfinde ich als ein Kind der Sterne. Verbunden mit den Engeln, fühle ich durch sie, meine spirituelle Führung, und empfinde mich so, als ein Kind der Liebe Gottes.

Vor mehreren Jahren fasste ich den Mut, meinen Gefühlen nach zu geben, um einen neuen Weg zu gehen. Es sollte nicht irgendein Weg sein, sondern der Weg, welchen ich durch meine Seele fühlte. Und dieser Weg führte mich in die Zurückgezogenheit, so dass ich erst mal wieder Kraft schöpfen durfte.

Nach fast 14 Jahren in einem Job, in dem ich mich schon die letzten Jahre davon, nicht mehr am richtigen Platz emp-fand, hatten mich meiner Kräfte beraubt.

Es war Zeit zu gehen. Aller-höchste Zeit. Für mich, meine Seele, meine Gesundheit.

Nach nur wenigen Monaten
hatte ich noch nicht viel ge-
lernt.

Angst, diesem Weg meiner
Seele weiter zu folgen, lies
mich wieder in alte Muster fal-
len.

Was nichts anderes heißen
sollte, als das ich mir eine neue
Arbeitsstelle suchte.

Doch meine Seele rebellierte
aufs Neue.

Nach gerade mal sechs Wo-
chen, begann alles von Neuem.

Wieder stellte sich das Gefühl
ein, hier bist du nicht richtig,

und so kam ich wieder auf den Weg meiner Seele zurück. Ich fühlte mich ein wenig wie Jona, der nicht dem Wort Gottes gehorchte, aber durch genau diesen, wieder auf Anfang musste. Und nebenbei gesagt, diese Geschichte von Jona, lies mich schon als kleines Mädchen aufhorchen, auch der Film zu der Geschichte Jona, faszinierte mich als Kind. Jona saß im dunklen Fischbauch. Ausweglos erschien, dass er je wieder lebendig gesehen werden sollte, und doch, wie durch ein Wunder errettet wurde, weil er eine

Aufgabe hatte, welche es galt
zu erfüllen.

Auch wenn ich immer ein Ge-
fühl hatte, es wacht jemand
über meine Seele, so hatte ich
doch Angst. Angst vor dem
was nun kommen sollte. Dieses
Ungewisse, nicht zu wissen
wohin diese Reise für mich ge-
hen würde. Doch die Geistige
Welt, sie führte mich, und so
schöpfte ich Mut und Vertrau-
en, immer wieder neu. Es folg-
ten viele Monate der Zurück-
gezogenheit. Dies war auch nö-
tig, um meine Seelenschmer-

zen zu versorgen, so dass sie nach und nach, zu meist abheilen konnten. Denn viel zu schnell war ich im Leben unterwegs, und so war es mir nicht wirklich gelungen, tiefer zu blicken. Nun war es an der Zeit das zu ändern. Meine Probleme galt es nun anzunehmen, anzuschauen, zu verarbeiten, all dies waren keine leeren Worte mehr, sondern ich durfte nun mein bisheriges Leben aufarbeiten, noch ein mal den Schmerz spüren, und so konnten viele alte Wunden heilen.

„ Hab Vertrauen Kind, beginn zu schreiben, alles wird sich finden", fühlte ich Maria Mutter Gottes sagen. Und so begann ich meine Erinnerungen, Erfahrungen, Erlebnisse und auch Wunder auf zu schreiben. Während dessen, fühlte ich die Seele meines verstorbenen Kater Georgs, auf meiner linken Schulter.

Mich freute es, denn ich liebte diesen Kater einst sehr, und hatte nach seinem Ableben, immer wieder Kontakt mit seiner Seele. Diese kannte ich schon aus ihrem letzten Leben,

denn sie wohnte in einem Tier-
körper als Katerkind, das sein
zu Hause bei mir hatte. Da-
mals schon, liebte ich diese See-
le, und war so unglücklich,
als sie gehen musste, lernte je-
doch, loszulassen und durfte
fühlen, das Schöne, es darf
wiederkommen, anders, aber
nicht weniger schön. Dies emp-
fand ich als Wunder, welches
mir begegnen durfte.

Ich spürte den liebevollen Blick
Maria Mutter Gottes, und war
dankbar. Denn manch ungute
Erinnerung schrieb ich auf,

doch wenn ich ihren liebevollen Blick fühlte, hatte ich so etwas wie die Bestätigung, dass es so richtig war. Ich spürte ein unsichtbares Band, welches mich immer wieder einfing, um mich zum Schreiben zu bewegen, und so gab ich diesem starken Gefühl nach, und vergaß manches Mal die Zeit beim Schreiben.

Nun, nur noch auf ein paar Zeilen in diesem Vorwort.

Für mich gibt es in der Spiritualität nicht den Weg, welcher für alle richtig ist. Jede Seele hat andere Lernerfahrungen zu bewältigen, und so hat auch jeder Mensch, einen anderen Weg. Doch glaube ich, dass leider nur seelischer Schmerz, den Menschen auf den spirituellen Weg bringen kann, und dieser dazu führen kann, das die Seele von ihren Schmerzen erlöst wird, wenn der Mensch offen für seine Seele ist. Ich glaube, Menschen die einen spirituellen Weg gehen, können positive Wunder erleben.

Mein neuer Weg

Mein Schicksal drehte sich, als ich Anfang vierzig war, und ich ging ab da, auf alt bekannten, und doch ganz neuen Wegen.

Feierabend. Schon seit einigen Jahren erging es mir so, dass ich sobald ich die Firma morgens betrat, nur noch auf meinen Feierabend wartete. Nicht das ich nichts zu tun hatte, aber ich fühlte mich immer mehr, nicht gut in meiner

Haut. Nun war er endlich da, und auf dem Weg zum Parkplatz, nahm ich eine Stimme in mir war, welche mich fragte, „Kind, möchtest du das noch lange tun?" Seit cirka 14 Jahren, war ich in diesem Unternehmen tätig. Ich war 41 Jahre, und meine Antwort kam wie aus der Pistole geschossen. „Nein!"

Dabei war ich mir sicher, dass ich mich dies nie gefragt hätte. War ich doch immer auf finanzielle Sicherheit bedacht. Woher diese Frage kam, ich wusste es nicht, zu mindestens

nicht, zu diesem Zeitpunkt.
Heute weiß ich, Maria Mutter
Gottes sprach mit mir.

Schon lange hatte ich immer
ein ungutes Gefühl, wenn ich
zur Arbeit musste. Sonntag-
abend überkamen mich Wein-
krämpfe, wenn ich nur daran
dachte, am nächsten Morgen
wieder in die Firma zu müssen.
Die Wochenenden, sie reichten
mir schon lange nicht mehr,
um mich vollständig zu erho-
len. So dachte ich, Freitag
Nachmittag nach der Arbeit,
morgen ist Samstag, der

schönste Tag der Woche, denn am Sonntag, waren wieder diese Angstgefühle in mir, am Montag schon wieder da hin zu müssen. Meine Seele rebellierte immer öfter und stärker. Das Gefühl nicht mehr am richtigen Platz zu sein, wuchs schon seit 2 Jahren in mir. Nur die Angst, vor allem vor finanziellen Verlusten, lies mich diesen Weg immer wieder gehen.

Doch immer wieder ertappte ich mich bei dem Gedanken, dass dies doch nicht alles im Leben sein könnte. Es muss doch mehr geben, als aufstehen zur

Arbeit, nach Hause, essen und schlafen. Warum bin ich hier auf dieser Welt. Um den ganzen Mist auszuhalten, welcher sich nicht gut anfühlte, um so zu beweisen, wie stark ich sein kann. Das konnte es doch nicht sein. Aber, wenn ich diese Arbeit aufgeben soll, welche ich vor 14 Jahren begann, und sehr froh damals darüber war, das ich dieser Tätigkeit nachgehen durfte, was sollte denn danach kommen. Denn ich wusste, das Aufgeben, war die eine Seite, doch die andere Seite, wie sollte diese denn ausschauen.

Im Herbst 2006, fuhren mein Mann und ich in Urlaub. Ich freute mich darauf, und nahm mir vor, diese freie Zeit in vollen Zügen zu genießen. Keinen Gedanken wollte ich im Urlaub an die Arbeit verlieren. Einfach nicht daran denken, und eine schöne Zeit haben. Es war ein schönes Wiedersehen, als der Pensionswirt und seine Frau uns willkommen hießen, denn ich kannte sie schon einige Jahre. Bei ihnen, aber vor allem bei ihr, hatte sich in beruflicher Hinsicht einiges verändert, und sie erzählten

davon. Ein Zeichen für mich?
Sie waren auch in meinem Al-
ter, und wenn ich mich verän-
dern möchte, wann, wenn nicht
jetzt. Später könnte es doch zu
spät sein, kam es mir in den
Sinn.

Und obwohl ich mir im Urlaub
keine Gedanken um meine be-
rufliche Situation machen
wollte, ging nun einfach kein
Weg mehr daran vorbei. Wieder
war ich mitten drin, in diesem
unsäglichen Kreislauf, einfach
zu fühlen, ich fühle mich nicht
mehr wohl mit dem was ich tu,
und wo ich es tun muss. Auf

der anderen Seite, war da das Geld, denn ich verdiente sehr gut. Nun fing ich immer mehr an zu grübeln, und dachte aber auch öfter an die Frage, welche mir schon gestellt wurde, ob ich dies noch lange so tun möchte. Um den Urlaub genießen zu können, sprachen mein Mann und ich, nun ausführlicher darüber, denn ich hätte sonst keine ruhige Minute gehabt. „Ich möchte eine Frau, die glücklich ist, und du bist es schon lang nicht mehr, mit dem was du tust. Selbst an den Wochenenden hast du keine

Lust mehr etwas zu unterneh-
men. Wenn wir zu Hause sind,
schreibst du deine Kündigung
und gibst diese ab", sagte mein
Mann. Mir wurde es auf ein-
mal merklich leicht ums Herz,
so als ob mir jemand sagen
wollte, genau so sehe ich das
auch, tu das. Und so fragte ich
meinem Mann, ob er das wirk-
lich so meinte. „Ja" antwortete
er, und ich machte mir trotz-
dem noch einige Gedanken,
doch erst mal, genossen wir
unseren Herbsturlaub. Als ich
nach dem Urlaub wieder zur
Arbeit ging, gab ich meine

Kündigung ab. Mein Chef meinte zu mir „Dass sie mal kündigen würden, hätte ich nie gedacht." Ich glaubte auch, er war etwas sprachlos, denn er brauchte ein wenig, um sich damit zu arrangieren. Ein paar Tage später fragte er noch mal nach „Möchten sie sich selbstständig machen?" „Nein", war meine Antwort, denn ich wusste ja noch gar nicht, was ich tun wollte. Er schien sich aber, doch Sorgen um mich zu machen, zu mindest kam es so bei mir an, denn er fragte mich, ob mein Mann denn Arbeit hätte, und wenn ich noch gar nicht wüsste, was ich tun möchte, ob ich es mir auch gut überlegt hätte. „Natürlich haben wir uns das überlegt", gab ich ihm als Antwort, und ich fand, das musste ihm als Antwort genügen.

Vor ein paar Jahren hatte ich die „praktische Altenpflege" in der Abendschule absolviert, um meiner Unzufriedenheit in beruflicher Hinsicht entgegen wirken zu können. Auch Edelsteine waren mir sehr lieb, und vielleicht würde ich in diese

Richtung gehen, als
Schmuckverkäuferin vielleicht.
Wirklich, ich hatte keine Ah-
nung. Damals beschäftigte ich
mich in meiner Freizeit schon
mit Kartenlegungen. Das berei-
tete mir großen Spaß, und ich
fühlte, dass dies etwas für
mich wäre, weil ich mich damit
sehr gut fühlte. Und ich glaub-
te, dass dies auch etwas mit
mir machte, mit meiner Seele.
Fühlte ich mich doch irgendwie
zu Hause, wenn ich mich mit
den Karten beschäftigte. Doch
mich damit selbstständig zu
machen, war für mich erst mal

überhaupt keine Option. Mein Mann dagegen, machte mir in dieser Zeit den Vorschlag, ich sollte mich schon damit selbstständig machen. Doch mir fehlte da der Mut zu. Nach der Abgabe meiner Kündigung arbeitete ich nur noch drei Monate. Ich war sehr froh, dass ich nicht noch die ganze Kündigungszeit einhalten musste, denn sonst wäre es ein halbes Jahr geworden, was ich dort noch hätte arbeiten müssen. Meiner Bitte mich doch eher gehen zu lassen, wurde statt gegeben. Ich arbeitete noch einen neuen Kollegen ein und in dieser Zeit, fühlte ich mich so gut wie sehr lange nicht mehr. Natürlich, fragte ich mich, warum das nicht immer hätte so sein können, vom Gefühl her. Und ich erkannte, dass das Wissen, das ich dort bald nicht mehr sein müsste, meiner Seele Flügel schenkte.

Die Zeit verging, und als ich am letzten Tag zum Feierabend ins Freie trat, rutschte merklich eine Energie durch mich durch. So etwas hatte ich noch nie gefühlt. Wie Einlegeböden eines leeren großen

Schrankes, rutschte die Energie von oben bis unten durch meinen ganzen Körper, und ich blieb auch kurz stehen, denn es war so ein unglaubliches Gefühl. Danach fühlte ich mich erst mal befreit von aller Last, welche meine Seele in all den Jahren angesammelt hatte.

Mit einem lächelnden Gesicht fuhr ich in meinem Auto nach Hause und fühlte mich glücklich.

In den folgenden zwei Monaten passierte nicht viel. Von

Abends bis Morgens, und von Morgens bis Abends, war ich am schlafen. Mein Mann kam am Abend von seiner Arbeit nach Haus und ich lag bis kurz zuvor, noch schlafend im Bett, und erschrak, als es immer schon so spät war. Ich war fix und fertig. Das freie Gefühl, als ob alle Last weg wäre, es hatte mich wohl getäuscht.

Zwei Monate später, machte ich mir nun erst mal Gedanken, was ich beruflich tun möchte, obwohl ich fühlte, dass ich dies nur des Geldes wegen tun würde. Aber es machte sich eben auch ein wenig Angst in mir breit, was und wie nun alles werden sollte. Mein Mann war immer noch der Ansicht, dass ich mich selbstständig machen sollte. Hatte ich nun meine Arbeitsstelle aufgegeben und fühlte mich wohler, grübelte ich aber auch sehr viel, und stellte mir immer wieder die Frage, „Wie soll es nun weitergehen?" Ich fiel in blinden Aktionismus und begann nun, in den Zeitungen nach Arbeitsinseraten zu schauen und auch im Internet war ich auf der Suche nach offenen Arbeitsstellen, welche zu mir passen könnten. Das Gefühl meiner Seele, mich zurück zu ziehen, zu schlafen, auszuruhen, legte ich bei Seite und so schrieb ich weit über 100 Bewerbungen, bekam einige Chancen zur Vorstellung, aber nur eine Firma gab mir die Möglichkeit in einer Festeinstellung, wieder in Arbeit zu kommen.

Da ich nun aber Branchenfremd war, musste ich in alles erst eingearbeitet werden, doch dies kam mir auch sehr entgegen. Ich freute mich auf meine neue Tätigkeit. Doch die Freude währte nicht lange. Wieder fühlte ich mich immer unwohler, und wieder stellte sich das Gefühl ein, auch hier nicht am rechten Platz zu sein. Doch ich wollte nicht wieder aufgeben, nicht so schnell. Nach einiger Zeit jedoch, wuchsen wieder diese kritischen Gefühle in mir und machten es mir immer schwerer dieser Tätigkeit nachzugehen. Nach vielleicht, schon acht Wochen, gab ich diesen Gefühlen nach, denn alles begann von vorn. Die Weinkrämpfe, das Unwohlsein und ein inneres Wissen, so kann es nicht weiter gehen. Und so gab ich meine Kündigung ab. Als ich nun dies hinter mir lassen konnte, stellte sich wieder ein gutes Gefühl in mir ein. Nun begann ich mehr und mehr darüber nachzudenken, ob ich nicht doch in die Selbstständigkeit gehen wollte. Ich überlegte mir, einen Online Shop ins Leben zu rufen, und dazu spirituelle Lebensberatung anzubieten. Mein Mann war immer noch überzeugt davon, dass ich dies tun sollte. Und

ich spürte bei meinen konkre-
ten Überlegungen, es geht mir
gut dabei, es machte mir Spaß,
und es fühlte sich gut an.

Da ich mir aber das Kartenle-
gen im Laufe der Jahre selbst
beigebracht hatte, wusste ich
nicht, ob ich gut genug sei. So
buchte ich einen Kurs in dem
man das Kartenlegen lernen
konnte. Mit einer Bekannten
besuchte ich diesen. Ich merkte
schnell, dass meine Zweifel
unangebracht waren, nicht gut
genug zu sein, denn vieles ge-
lang mir, beim Deuten der Kar-
ten. Als ich noch Fragen stellte,

wie zum Beispiel das Rösseln
funktioniert oder die verschie-
denen Karten in den jeweiligen
Häusern zu deuten wären,
konnte mir die Kartenlegerin
leider nichts dazu sagen, da sie
es selber nicht so deutete. So
suchte ich mir noch eine andere
Kartenlegerin und durfte
dann, einen telefonischen
Kurs, stundenweise absolvie-
ren, welcher mir sehr gefiel. Da
durfte ich nun alles noch
lernen, was meine Seele mich
alles fühlen lies, das sie gern
noch wissen wollte.

Nun schien es vorwärts zu gehen. Meine Seele hatte entschieden. Der Online Shop füllte sich mit verschiedenen Edelsteinen, welche ich eingekauft hatte, und meine Selbstständigkeit nahm nun langsam Gestalt an.

Im Sommer 2008 wurde es offiziell.

Schnell merkte ich aber, dass alles gar nicht so einfach war.

Es begann langsam, sehr langsam, aber es machte mir unglaublich viel Freude. Das was ich tat, wenn ich etwas zu tun hatte, fühlte sich unsagbar gut an. Doch irgendwie hatte ich mir alles doch anders vorgestellt. Das ich viel mehr zu tun hätte und so kam die Angst in mir auf, nicht von der Stelle zu kommen.

Immer fühlte ich mich ausgeruht, war auch kein Wunder, denn ich hatte noch nicht so viel zu tun. In der freien Zeit bildete ich mich weiter, und lies mich ins Reiki und in andere spirituelle Energiesysteme einweihen.

Schon als Kind, spürte ich Energien. Und so zweifelte ich

erst, ob ich mich in ein spirituelles Energiesystem einweihen lassen sollte, doch mein Gefühl stimmte nach einiger Zeit zu.

Schon nach der Einweihung in den zweiten Reikigrad, bekam ich eine intensivere Verbindung, zu meinen geliebten Engeln. Nun fühlte ich immer öfter, diese unglaublich leichte Energie der Engel. Gern erinnere ich mich an diese Einweihung in den zweiten Grad. Meiner damalige Reiki-Lehrerin, kamen die Tränen der Rührung, und sie erzählte mir danach, dass sie so ein Gefühl noch nie bei einer Einweihung fühlen durfte. Das es sich für sie wunderbar, und sehr liebevoll anfühlte. Ich selbst, durfte bei dieser Einweihung die Hohepriesterin sehen.

Für mich begann nun eine aufregende, und lernreiche Zeit.

Nicht nur ins Reiki, sondern auch in die Baraka Energie, eine Heilenergie (Gründer Peter Köster), lies ich mich einweihen, und auch noch in verschiedene andere spirituelle Energiesysteme, wie ich ja bereits schon erwähnt hatte. Dabei achtete ich immer auf mein Gefühl und lies mich führen.

Krafttiere traten in mein Leben, in dem sie sich mir in Bildern zeigten. Ihre Seelen sprachen mit mir, und haben mich wissen lassen, dass sie mich mit ihrer Energie unterstützen würden. Wo ich früher nur punktartig die Seelenenergie wahrnehmen konnte, sah ich nun die Seelen in ihrer vollständigen Größe. Zuerst zeigten sie sich in dunkler Gestalt, doch später dann, hell. Ich lernte durch die Seele einer meiner Kater, mit Seelen zu sprechen und fühlte, dass Seelen wieder inkarnieren können.

Das Visualisieren erlernte ich, und spürte nun, wenn ich auf mein Gefühl hörte, auf meine Seele, ging es mir gut.

Mit der Zeit durfte ich auch Engel sehen. Meine Seele lies sie mich mal in ihren Farben, und mal in Gestalt eines Körpers mit wunderschönen glitzernden Flügeln sehen.

Nicht nur Mutter Maria auch Erzengel Michael und Erzengel Raphael arbeiteten mit meiner Seele, und so konnten die

Schatten aus der Vergangen-
heit neutralisiert werden.

Eines Tages fühlte ich Erzen-
gel Raphael mich fragen, „Wel-
chen Weg möchtest du gehen?
Den spirituellen oder den
finanziellen Weg?" Ohne zu
überlegen, kam die Antwort
„Den spirituellen Weg." Ich
ahnte, für mich hatte meine
Seele geantwortet. Heute weiß
ich, dass der spirituelle Weg,
ein langer Weg ist. Bei diesem
es gilt, zuerst seine eigene Ver-
gangenheit aufzuarbeiten, um
Altlasten, alte unstimmige
Muster, aufzulösen. Meiner

Seele, in mir die Freiheit zu schenken, in ihrem Tun, und somit ihre Wunden abheilen zu lassen. Ich erkannte, das alte verstrickte Muster, meine Seele abhalten konnten, ihren Weg zu gehen, mit den Engeln zu arbeiten.

Nach einigen Jahren, hatte ich mich wieder weiter entwickeln dürfen und so löste ich den Online Shop auf, und auch das Kartenlegen, gehörte fast nicht mehr zu meinen Aufgaben. Es war ein Stück auf dem Weg meiner Spiritualität, ein An-fang. Reiki- Sitzungen, spirituelle Energieeinweihungen und Seelenarbeit waren für meine Seele wichtiger geworden.

Mein Leben, bunte Spiritualität. Es ist schön, dass ich diesen Weg gehen darf, denn er zeigt mir doch, dass es noch so viel mehr gibt, auf dieser Welt. Das die Vergangenheit in die Zukunft wirkt, das alte ungute Muster, welche nicht gelöst wurden, immer wieder kehren, um erlöst zu werden. Das vor allem die Seele meiner Mutter, welche ihre Berufung nicht vollständig leben konnte, dies

an meine Seele weiter gab. Und
ich mich nun dankbar und
vertrauensvoll, auf den Weg
meiner Seele bewege. Auch die
Aussöhnung im Geist, spielte
bei mir eine wichtige Rolle.
Denn zu Lebzeiten meiner
Mutter hatte eine Aussprache
keine wirkliche gute Wendung
genommen. Doch bin ich ganz
fest im Vertrauen das eine jede
von uns ihr Bestes gab. Ich bin
dankbar, dass ich von den al-
ten unguten Energien, von den
alten Verhaltensmustern, diese
bis vor paar Jahren noch unge-
löst waren, geheilt werden

konnte. Dies konnte für mich
geschehen, weil ich meinem Ge-
fühl, meiner Seele folgte, und
meine Seele durch die Engel
geführt ist. Und so verstand
ich mit der Zeit, meine Seele
wollte keine weltliche Arbeit
mehr tun, sondern ihre Beru-
fung ist das Heilen durch die
Engelsenergien.

Loslassen (Kater Iwan)

Mein kleiner Iwan war gegangen. Er war ein kleiner Kartäuser Kater, und ich liebte ihn sehr. Als er ein paar Tage nicht mehr da war, spürte ich immer eine Energie um meine Beine. Als ich an mir hinunter sah, zeigte sich mir eine helle, kleine, vierfüßige Gestalt.

Eines Nachts wurde ich wach, und spürte, dass mich jemand beobachtete. Ich drehte mich, und rief erschrocken, mit einem stimmlich erhobenen Zeigefinger, „Iwan!" Zwei riesige Augen, welche mich aber nicht hatten zweifeln lassen an ihrem Blick, dass sie nur gutes im Sinn hatten, sahen auf mich, und mein Gefühl lies mich wiederum Iwans Energie spüren. Nach dem ich diesen treuen Augen mitteilte, das sie mich doch nicht so erschrecken dürften, verschwanden sie in der Nacht. Am Morgen legte ich natürlich sofort die Karten, und durfte erkennen, dass diese wunderbare Seele, auch große Sehnsucht nach mir hatte. Und noch etwas konnte ich

entdecken, spüren, die Seele
hatte den Wunsch wieder als
Tier zu mir zurück zu kom-
men, doch ich hielt immer noch
an meiner Trauer fest, auch
wenn die Seele mich ab und an
besuchte.

Fast zwei Wochen lang, trauer-
te ich um meinen Liebling. Ich
bat die Engel um Hilfe, damit
es mir besser gehen möge, und
sie hatten mich fühlen lassen,
ich solle Loslassen. Damals
machte mir dieses Wort noch
Angst. Durch den großen See-
lenkummer, konnte ich einfach
nicht fühlen, was mir die En-

gel vielleicht noch zu sagen hatten und fühlte immer nur dieses eine Wort, Loslassen.

Doch ich fühlte auch immer stärker, ich müsste mich auf das Loslassen, einlassen. Das Gefühl des Weltunterganges, hielt schon zu lange an.

Manchmal hatte ich gar keine Lust mehr aufzustehen, weil es ihn nicht mehr gab. Dabei hatten wir mehrere Katzen, die mit uns lebten, aber ich fühlte, dass Iwan mit mir eine besondere Verbindung hatte.

Es war später Nachmittag, und ich bat meinen Mann mich allein in dem Wohnzimmer zu lassen, denn ich wollte das Loslassen unbeobachtet tun. Ich fühlte mich unwohl und genierte mich auch ein wenig vor ihm, wenn meine Tränenbäche zu reißenden Flüssen werden würden. Ein wenig Angst hatte ich vor dem Loslassen, wusste ich doch nicht, was danach sein würde.

Ich setzte mich, stellte einen kleinen Engel vor mich auf den Tisch, und zündete eine Kerze an.

Meine beiden Hände hielt ich
wie eine Schale vor mich, und
ich gab bildlich all die schönen
und auch lustigen Erinnerun-
gen hinein, ich erinnerte mich,
an die ein oder andere Ge-
schichte, dabei liefen mir die
Tränen übers Gesicht, und
schließlich bat ich die Engel
um Hilfe, das es ihm wo er
auch immer war, gut gehen
möge, aber auch mir. Nun lag
all mein Kummer in dieser
Schale, aber auch, meine Erin-
nerungen an meinen kleinen
Freund. Zum Schluss dankte
ich noch mal meinem Iwan für

diese wunderbare und schöne gemeinsame Zeit, und ich bedankte mich auch schon mal bei den Engeln für die Hilfe, und fühlte das erste Mal, das Loslassen, nicht so einfach für mich war. Schweren Herzens erhob ich meine Hände in die Höhe, ich fühlte, das ich es für mich so bildlich wie nur möglich gestalten sollte, denn schließlich erhoffte ich mir ja, so etwas wie Erleichterung danach, auch, wenn ich noch nicht so recht daran glaubte, in diesem Moment. Als ich dies alles vollzogen hatte, und mir vorstellte ein Engel würde dies alles in Empfang nehmen, was ich los gelassen hatte, hatte ich keine Erwartungen. Aber meine Tränen liefen. Nach kurzer Zeit schon konnte ich mich aber beruhigen und schon ein paar Stunden später, spürte ich, dass ich keinen Kummer mehr hatte, und mich wirklich viel besser fühlte. Ich konnte es gar nicht verstehen, was vor sich gegangen war. Ein kleine Traurigkeit fühlte ich noch, aber diese tiefe Kummerenergie, diese war nun durch die Engel neutralisiert worden.

Nun verstand ich, ich hatte Loslassen gelernt, und war nun um eine wichtige Erfahrung reicher.

Kommunikation
mit einer Seele
(Kater Georg)

Nach dem Loslassen fühlte ich
mich jeden Tag besser, denn
auch die noch verbleibende
Traurigkeit, löste sich nun auf.
Die Seele, meines verstorbenen
Iwans, war nun nicht mehr so
oft zu Besuch. Es war nun eine
Zeit vergangen, und da ich
schon vor Wochen erfahren hat-
te, das die Seele gern wieder
kommen würde, legte ich meine
Karten erneut aus, und konnte

erkennen, dass es Zeit war, mich auf die Suche nach dem Katzenzüchter zu begeben. Es war ein viertel Jahr vergangen, und ich war nun schon voller Vorfreude, das diese liebenswerte Seele auf dem Weg zurück zu mir war. Ich hatte aber keine Ahnung, wie ich es anstellen sollte, dass ich diese Seele wieder finden könnte. So blieb mir nur auf mein Gefühl zu hören. Nacheinander schrieb ich fünf Katzenzüchter an. Von zweien bekam ich keine Rückantwort. Ein Katzenzüchter teilte mir mit, dass sie keine Katzenbabys in den nächsten Monaten erwarten und eine Katzenzüchterin in der Nähe, teilte mir mit, ich sollte einfach auf ihrer Homepage schauen, und da würde ich alles weitere sehen können. Diese Antwort gefiel mir so gar nicht, und nur bei einer Antwort, hatte ich sofort das Gefühl, hier bin ich richtig. Diese Frau, sie war mir sofort sehr sympathisch. Mit der Zeit hatte ich gelernt, mich mit Iwans Seele auch über die Energie zu unterhalten, immer dann, wenn ich die Karten auslegte, war sie zu gegen und

die Karten waren für mich
noch mal eine gute Bestäti-
gung.

Aber ich glaube, ich empfand es
als sehr wichtig, alles genau so
zu machen, denn schließlich,
wünschte ich mir ja auch, diese
liebe Seele zurück, die mir nun
aber auch immer mehr zu ver-
stehen gab, ich solle mir aber
nicht vorstellen, das es Kater
Iwan wäre, der zurück kehren
würde. Dies jedoch störte mich
nicht, und ich lies dieses Ge-
sagte, irgendwie bei Seite.

Bei einer erneuten Kartenle-
gung, durfte ich erkennen,

dass ich den neuen Kater in einer Stadt, welche weiter entfernt war, finden würde. In dieser Stadt, gäbe es einen Turm, und bergisch wäre es auch. Ich machte mir nun Gedanken, ob das alles wirklich so glatt gehen würde, und dachte an die Züchterin. Weimar, las ich, als ich noch mal nach schaute, wo sie beheimatet war. Nun gab es für mich keine Fragen mehr. Der Turm auf dem Ettersberg in Weimar,

war mir seit dem Schulunterricht bekannt. Nun wurde es immer aufregender für mich.

Ich lies die Seele nun wissen, das ich nun schon mal wusste, wo es sein würde. Diese wiederum lies mich über mein Gefühl wissen, das es ein Wurf im Frühjahr sein würde, im April. Das wäre sehr wichtig, denn in diesem Wurf würde ich den neuen für mich bestimmten Kater finden.

So staunte ich nicht schlecht, als ich wieder mal mit der netten Katzenzüchterin sprach. Im Gespräch teilte sie mir mit, dass sie einen Wurf im März, und einen im April erwarten würde.

Mir kam dies wie ein Wunder vor, und am liebsten hätte ich ihr von dem Seelengespräch erzählt, aber hielt mich dann doch zurück. Nun hatte ich endlich begriffen, ich brauchte keine Karten mehr als Übersetzer, denn ich hatte die Seele immer wieder richtig verstanden, die Energie richtig erfühlt.

Georg wurde am 8. April geboren. Zwei Tage später meldete sich die nette Züchterin bei mir wie versprochen, und teilte mir dies mit, und auch, das ein Kater, mit ganz blauen Fell, tot geboren wurde. Es tat mir

sehr leid, aber ich verstand dies
als Zeichen. Hatte mich doch
die Seele bereits fühlen lassen,
sie wird nicht als Iwan zurück
kommen, denn dieser hatte
ganz blaues Fell und sicherlich
sollte es bedeuten nun gibt es
wieder andere Aufgaben für die
Seele. Hatte sich wohl diese
wunderbare Seele in ihrem letz-
ten Leben die Aufgabe gestellt,
wenn sie geht, darf ich das
Loslassen lernen, so lernte sie
mir nun wohl wieder etwas
Neues. Aber da machte ich mir
damals, noch keine wirklichen
Gedanken. In diesem netten

Gespräch mit der Katzenzüchterin, erfuhr ich noch, das Georg der größte des Wurfes war, weißes Fell mit Blauzeichnungen auch an den Ohren hatte, und ein Perserkater war.

Bevor nun der kleine Georg zu uns umziehen durfte, haben mein Mann und ich ihn zweimal besucht. Zwischen durch sprach ich natürlich immer wieder mit seiner Seele, denn meine Seele, genau so wie seine, hatten unglaubliche Sehnsucht nacheinander. Der erste Besuch stand an, und ich war total aufgeregt, und konnte es

kaum erwarten. Die Seele frag-
te ich, ob es etwas gäbe, woran
ich denn erkennen könnte,
dass sie es ist. Ich glaubte nun
fest an alles was geschah, und
war mittlerweile voller Vertrau-
en. „Die dunkle Schnur mit
dem roten Mäuslein, bring sie
mit, diese kenne ich und achte
auf dein Gefühl", fühlte ich die
Seele sagen. So packte ich die
Spielschnur ein, und wir fuh-
ren nach Weimar.

Die Züchterin empfing uns
sehr freundlich, und zeigte uns
ihre Lieblinge, einen nach dem
anderen. Alle waren sie goldig.

Doch ich konnte es kaum er-
warten, meinen Georg zu se-
hen. Dieser lag mit seinem Ge-
schwistern in einem Körbchen,
und Georg lies keinen Blick
von mir. Er lag so, das er sein
Köpfchen ganz schön drehen
musste, um mich zu sehen,
doch, das störte ihn wohl nicht.
Mein Gefühl, das er meiner
Unterhaltung lauschte, meinen
Worten, wurde stärker, und wir
lachten über seine Kopfhal-
tung, musste er sie doch als
unangenehm empfunden ha-
ben, so verdreht wie er es in
meine Richtung hielt.

Nun bekam ich auch die Gelegenheit, alle Kleinen mal auf meinen Arm nehmen zu dürfen. Als ich Georg aber im Arm hatte, blieb er anders, als die anderen vor ihm, ruhig liegen, und knabberte an meinem Finger, so wie es Iwan einst machte. An die Schnur mit dem Mäuslein, dachte ich überhaupt nicht mehr, fühlte ich doch, diese geliebte Seele, sie ist endlich zurück auf der Erde, und so blieb noch ein Besuch, bis Georg wieder bei uns ein zu Hause hätte. Auch weiterhin sprach ich mit seiner Seele,

denn es dauerte ja noch Wo-
chen bis er zu uns kommen
konnte. So fühlte ich, seine
Seele sprach von Angst. Angst
vor einem Umzug, und das ich
sie dann wohl nicht mehr fin-
den könnte. Nun hatten wir zu
dieser Zeit auch wirklich dar-
über nachgedacht, uns eine
neue Wohnung zu suchen,
doch hatten wir noch nichts ge-
funden, was uns zu sagen
könnte. Also beruhigte ich sie,
und lies sie spüren, das ich den
kleinen Kater auf jeden Fall
abholen kommen würde, und
das es keinen Grund gäbe,

daran zu zweifeln, schließlich freute ich mich schon auf dieses kleine Geschöpf. Mit der Züchterin hatte ich sporadisch Kontakt, sendete sie mir doch ab und zu immer mal ein Bild von Georg, und ich meldete mich dann bei ihr. Nach einer Zeit wollten wir gern wieder Georg einen Besuch abstatten, Obwohl es schon eine größere Entfernung war, konnte mich nichts davon abhalten.

Im telefonischen Gespräch mit der Züchterin, ich rief sie an, um einen erneuten Besuchstermin zu vereinbaren, das hatte sie uns auch gleich zu Anfang angeboten, dass wir Georg besuchen dürfen, erfuhr ich von ihren Umzugsplänen, von Thüringen nach Bayern. Sie bat mich, ob wir den Besuch verschieben könnten, denn sie war im Umzugsstress. Verständlicherweise willigte ich ein. Ich fühlte nun was Georgs Seele mir mitteilen wollte. Doch ich konnte sie fühlen lassen, dass wir Georg auch aus einer anderen Stadt abholen würden.

Die Wartezeit war irgendwann um, und wir fuhren nun nach

Bayern um Georg zu besuchen.
Die Fahrzeit war nun noch
länger, aber auch das nahm ich
in Kauf, um ihn zu sehen.

Nach vielen Wochen, kam
dann endlich der lang ersehnte
Tag für mich. Georg durfte
umziehen. Doch dieses Mal trat
der kleine Kater seine Reise in
sein neues zu Hause an, das es
für lange Zeit für ihn sein
sollte, und ich freute mich tie-
risch auf die kommende, ge-
meinsame Zeit mit ihm.

Ich war sehr dankbar, für diese Seelenreise, welche diese Seele angetreten hatte, denn durch sie durfte ich bisher viel lernen. Das Loslassen, und während ihrer Reise das Kommunizieren mit ihr, und somit mit allen Seelen, wenn sie dazu bereit sind.

Visualisieren
(Kater Georg)

Georg war ein kleiner süßer Ganove. Seine Blicke, unbezahlbar. Man sah ihm immer an, wenn er etwas im Schilde führte.

War ich mal traurig, kam er zu mir, legte sich in meinen Arm, und ging erst wieder, wenn ich mich besser fühlte.

Ich stupste ihn gern auf sein Näschen, und trug ihn genau so gern auf meinem Arm, denn ich liebte ihn sehr, und ich spürte genau wie bei Iwan wieder, dieses unsichtbare starke Band, was uns verband.

Mit seinem Pfötchen tupfte er mir manchmal vorsichtig auch auf meine Nase, und in meinen Träumen zeigte er sich mir oft als dunkelhaariger Mann, welcher mich manchmal auf seinen Händen trug. Mit seiner Seele hatte ich immer wieder gesprochen, und wenn ich das Gefühl hatte, das er mir im Traum als Mann begegnete, fragte ich die Seele danach, wieso er mich in meinen Träumen tragen würde. Die Antwort lautete, er mache es genau so wie ich mit ihm, denn ich trage ihn doch auch manches Mal auf meinem Arm.

Dies gefiel mir, und ich empfand es als sehr lustig, und wie die Seele mir schon das Kommunizieren mit ihrer Seele erlernte, so lernte sie mir nun, das Visualisieren.

Dies begann, als ich Georg versehentlich wohl an einem Abend im Badezimmer einschloss. In der kommenden Nacht, wurde ich wach, und empfing ein Bild. Ich sah Georg auf der Matte vor der Ba-

dewanne sitzen. Ich dachte mir
nicht viel, war ich doch viel zu
müde. Am Morgen ging ich
ins Bad und staunte nicht
schlecht, wie in der Vision, so
saß mein kleiner Georg auf der
Matte, und war sicherlich froh,
aus seiner Einsamkeit erlöst
zu werden. Es tat mir nun leid,
dass ich auf die empfangende
Vision in der Nacht nicht so-
fort reagiert hatte und ent-
schuldigte mich bei ihm. Doch
Georg reagierte nun auf ein-
mal nicht mehr auf mein rufen
nach ihm. Zuerst glaubte ich,
dass er vielleicht mit mir böse

ist, weil ich ihn die ganze Nacht habe im Badezimmer schlafen lassen. So nahm ich die Verbindung mit seiner Seele auf, und erfragte warum es so sei. „Schick mir ein Bild, das ich kommen soll", gab mir seine Seele als Antwort, auf meine Frage, warum Georg nicht mehr auf mein rufen reagierte. Ach du lieber Gott, dachte ich damals, was soll das denn, eigentlich hatte ich gar keine Lust dazu, und wusste am Anfang auch gar nicht, wie ich das am besten tun sollte. Doch meinem Rufen gab der

kleine Knirps nicht nach, und
so blieb mir irgendwann nichts
anderes übrig als mein bestes
zu geben, und stellte mir nun
vor, wie Georg zu mir kommen
würde. Ehrlich gesagt, ich
glaubte nicht, das ich das so
schnell hinbekommen würde,
doch es klappte. Mochte ich ihn
bei mir haben, sendete ich ihm
das Bild, wie er zu mir kom-
men sollte und er kam. Es fing
an mir Spaß zu machen, und
ich verstand, das Visualisieren
auch eine Art zu kommunizie-
ren war.

Georg und ich wir hatten eine sehr schöne innige Verbindung, und wir hatten eine sehr schöne Zeit miteinander, aber leider nahte der Tag, an dem er für immer gehen sollte. Nach sechs kurzen Jahren gab es einen Tag, am dem mich seine Seele schon darauf vorbereitete.

So konnte ich fühlen, dass sie mir mitteilte, dass es Zeit war zu gehen, aber ich wusste nicht warum, und auf meine Frage bekam ich nun keine Antwort. Das machte mir Angst. Kurz darauf lag Georg nur noch im Körbchen. Mit einem Mal war keine Lebensfreude mehr in diesem liebenswerten Geschöpf. Der Tierarzt stellte massive Herzprobleme fest, da sein Bauch voller Wasser war, und obwohl er Georg nur eine ganz kleine Überlebendchance gab, wollte ich das Georg sie auch bekommt. Doch verstand ich die Welt nicht mehr. Eine Woche zuvor, hatte Georg eine Blasenentzündung, und bekam seine Medikamente. Die Untersuchung brachte ansonsten nichts zum Vorschein. Allerdings fühlte ich die Seele mir da immer wieder sagen, dass

sie gehen möchte. Ich beruhigte
sie, und lies sie fühlen, dass
man wegen einer Blasenent-
zündung nicht sterben müsse,
und ich fühlte dies auch nicht
so. Nun war es doch so
schlimm. Dem Arzt erzählte
ich von dem Gespräch mit Ge-
orgs Seele, denn ich fühlte er
war sehr emphatisch.

Nach zwei Tagen am Vormit-
tag meldete sich Georgs Seele
bei mir, und verabschiedete sich
mit dankenden Worten, dass
ich immer sehr lieb mit ihm
war, und das er sich bedanken
möchte, für die gemeinsame

Zeit. Ich war erschrocken, und hoffte immer noch auf ein Wunder, denn ich wollte es nicht glauben, ich fühlte es nicht. Am Nachmittag diesen Tages, wollte ich ihn doch besuchen fahren, da der Tierarzt ihn in seiner Praxis behalten hatte. Ich wollte nach ihm sehen, und mit dem Tierarzt weiteres besprechen. Die Tierarztpraxis wollte sich telefonisch melden, sollte es ihm schlechter gehen. Das war bis dahin nicht der Fall, und so hatte ich immer noch große Hoffnung, dass alles noch mal gut gehen würde.

Am späten Nachmittag desselben Tages, erreichte ich dann den Arzt, und hörte die für mich furchtbare Nachricht. Georg war vor zwei Stunden ruhig eingeschlafen. Ich konnte mich nicht beruhigen, und lies den Tränen ihren Lauf. Es dauerte einige Tage bis ich mich wieder gefangen hatte. Einen sehr kleinen Trost hatte ich, die Abschiedsworte der lieben Seele. Die Verbindung mit der Seele von Georg, besteht heute immer noch zu meiner

Freude. Ab und zu sprechen wir miteinander, und manchmal kommt sie mich auch besuchen. So saß sie zum Beispiel, beim Schreiben dieser Zeilen auf meiner linken Schulter, und flüsterte mir ins Ohr „Ich schreibe mit." Als meine Trauer fast vorbei war, fragte ich die Seele, wie es sein konnte, das ich nicht fühlen konnte, worauf sie mich vorbereitete. Sie antwortete, „Ich wollte dich schützen, damit du nicht traurig bist, wenn ich für immer gehe." Da brach ich in Tränen aus, und auch jetzt in diesem

Augenblick, laufen sie mir wieder ungehemmt über mein Gesicht, diese Seele werde ich immer lieben, und für diese Liebe, empfinde ich sehr große Dankbarkeit.

Seelen sehen

Vor allem am Anfang, als sich mir die Seelen in ganzer Größe zeigten, geschah dies meist zu Abend, wenn ich zu Bett ging. Ich konnte sie dann vor dem Bett hin und her laufen sehen.

Das machte mir nichts aus, doch etwas ängstlich wurde ich, als eine Seele mitten in der Nacht sich über meinen neben mir schlafenden Mann beugte. Wahrscheinlich, war ich durch diese Energie wach geworden, und war sehr erschrocken. Ich bat Erzengel Michael um Hilfe. Ich tat dies in dem ganz einfach sprach, „Bitte Michael, komm schnell und hilf", so konnte ich wieder beruhigt einschlafen, denn die Seelen waren dann weg. Obwohl ich wusste, wie ich mich mit Seelen verständigen konnte, kam ich erst mal nicht auf den Gedanken zu fragen, warum sie kamen. Bis es sehr viele wurden. Denn auch tagsüber zeigten sie sich mir, und als ich sie fühlen lies, ich hätte doch gern gewusst wie ich ihnen helfen könnte, fühlte ich sie sagen,

„Wir sind hier weil wir Kummer haben". Wiederum bat ich Erzengel Michael um Hilfe.

Die Engel hatten mich nun fühlen lassen, wie ich auch spüren könnte, ob eine Seele noch Kummer hatte. Mutter Maria fühlte ich zu mir sagen, „Diese Seelen strahlen eine kältere Energie ab, das wirst du fühlen, und sie zeigen sich dir dunkler, als andere Seelen, welche bereits vom Kummer neutralisiert sind, und ins Licht gegeben werden möchten." Und mit der Zeit, war es so, das ich diesen Unterschied sehr deutlich wahr nehmen konnte. Die dunkleren Seelen, konnte ich wie ausgemalt wahrnehmen, die anderen, ohne Kummerenergie, zeigten sich mir hell scheinend. Ich war immer im Vertrauen das die Engel an meiner Seite waren, bei allem was ich lernen durfte.

Da mich viele Seelen in unserer Wohnung aufsuchten, um nun vom Kummer neutralisiert zu werden, um danach ins Licht gehen zu können, sprach Mutter Maria von zwei weißen Häusern in meiner Nähe, welche frei standen. Sie würde dafür sorgen, dass die Seelen, welche durch mich ins Licht gegeben werden wollen, sich dort einfinden. Das lustige an dieser Sache war, zum ersten Mal, sah ich die beiden Häuser in meiner Umgebung, vorher hatte ich sie gar nicht bewusst wahrgenommen. Am Abend jeden Tages gab ich nun die Seelen, die sich in den beiden Häusern einfanden, mit Hilfe Mutter Marias ins Licht. Von da an hatte ich meiner Wohnung meistens Ruhe. Und hatte sich doch mal eine Seele zu mir verirrt, wusste ich nun, was ich tun konnte, um ihr zu helfen. Manchmal zeigte sich mir auch die ein oder andere Seele, am Fenster eines dieser Häuser, denn diese waren gut von meinem Wohnzimmerfenster aus zu sehen. Oder ich hörte sie, wie sie sich bedankten, dass ich sie ins Licht gab und ihnen eine gute Reise wünschte.

Diese Aufgabe tat ich sehr viele Jahre, bis diese Häuser durch Menschen bewohnt wurden. Seit dem fühlte ich keine verstorbenen Seelen mehr, welche sich da aufhielten. Diese Auf-

gabe hatte sich in diesem Um-
fang bisher nicht wieder holt,
allerdings, gab es danach
schon noch einige Seelen, wel-
che ich ins Licht geben durfte.

Die Seelenarbeit
mit den Engeln

Nach meiner Einweihung in den zweiten Reikigrad, welche ich von ganzen Herzen herbei gesehnt hatte, bekam ich nach meinen 21 Tagen energetischer Reinigungszeit, eine viel intensivere Verbindung zu den Engelsenergien. Ich spürte eine sehr große Liebe, wenn sie sich mit meiner Seele verbunden hatten, und meine Mundzüge gerieten vor lauter Lächeln außer Kontrolle. Es war eine

wunderschöne Energie, welche
ich nun spürte. Schon als Kind
wünschte ich mir immer diese
Verbindung von Herzen, und
nun endlich, fühlte ich sie sehr
deutlich. Mutter Maria begrüß-
te mich liebevoll und sprach
davon, wenn ich diese Verbin-
dung weiter hin intensivieren
möchte, dass ich dann in mei-
nem Leben etwas ändern müs-
se. Natürlich wollte ich das,
nichts freute mich mehr als
diese Verbindung zu meinen
geliebten Engeln, und so hörte
ich gebannt ihren Worten zu.
Diese hatten mich nun wissen

lassen, ich sollte keine Filme in denen Gewalt vor kommt mehr schauen, und auch die Nachrichten sollte ich für mich streichen, ebenso sollte ich auch keine Zeitungen mehr lesen. Es wäre wichtig für meine Seele, dass ich mich gut um sie kümmere. Das sie entspannen kann und mit positiven Energien versorgt wird. Denn kritische Energien, oder gar ungute Energien würden nur dafür sorgen, dass meine Seele die Verbindung zu den Engelsenergien nicht mehr spüren könnte. Ich nahm mir dies sehr zu Herzen, und so konnte ich tatsächlich schon nach kurzer Zeit feststellen, dass ich mich wohler fühlte. Viel später, als ich die Engelverbindung als stabil empfand, sah ich mir mal ab und zu die Nachrichten an, aber nicht täglich. Dazu kam, dass ich durch Engel gelernt hatte Energien zu neutralisieren, so dass keine unguten Energien mehr bleiben konnten. Mein Fernsehprogramm wurde auch weniger, viel mehr interessierte mich die geistige Welt. Meine Belohnung war, ich konnte nun die Engelener-

gien durch meine Seele inten-
siver wahrnehmen. Dazu zeig-
ten sie sich mir ganz unter-
schiedlich. Mal als farblichen
Lichtstrahl, dann wieder in
menschenähnlicher Gestalt,
silbern mit Flügeln. Täglich
übte ich nun mit ihnen spre-
chen, denn sie gaben mir zu
verstehen, ich solle nicht ängst-
lich sein, sie um Hilfe zu bit-
ten, egal um was es sich han-
deln würde. Ich dürfte sie auch
in mein ganz alltägliches Le-
ben mit einbeziehen. Das gefiel
mir gut, und doch hatte ich et-
was Zweifel, ob sie nicht besse-

res und sinnvolleres zu tun
hätten, als mir immer zur Sei-
te zu stehen. Aber sie hatten
mich immer wieder wissen las-
sen, bitte uns um Hilfe, egal
um was es auch sei. Dies dauer-
te ein wenig, aber ich machte
davon Gebrauch. Musste ich
zum Tierarzt, bat ich um einen
Parkplatz vor der Praxis, aber
auch, dass ich mit meinem
Liebling nicht lang warten
müsste, bis wir in den Behand-
lungsraum dürften. Ging ich
einkaufen, auch da bat ich um
Hilfe, dass ich das kaufen mö-
ge, dass gesund für uns sei.

Oder hatte ich mir vorgenommen nicht mehr Geld in der Woche auszugeben, auch da bat ich sie um Hilfe. Und es funktionierte ganz gut, und nun hatte ich keine Scheu mehr, sie in meine täglichen Dinge mit einzubinden, und um ihre Hilfe zu bitten. Dabei machte ich mir überhaupt keine Gedanken, welchen Engel um welche Hilfe ich bitten müsste. Meistens, sprach ich munter darauf los. „ So ihr lieben Engel, ich bin auf dem Weg da oder dort hin, und bräuchte einen Parkplatz der groß genug ist, so dass ich da gut einparken kann." Ich ging ganz unbekümmert mit den Engelsverbindungen um.

Die Verbindungen zu den Engeln wurde immer intensiver und sie hatten mich nun wissen lassen, dass sie mir Visionen senden und ich diesen Menschen, welche sich mir da zeigen würden, helfen sollte, und , sie würden mich bei der Hilfe unterstützen. Es ginge darum, dass diese Menschen Seelenkummer in sich tragen, und dieser neutralisiert werden müsste. Ich war gespannt und

auch ein wenig ängstlich, ob
ich dies alles so schaffen wür-
de, was die Engel mich lehren
wollten. Doch es kam immer
eins zum anderen, und immer
wieder lernte ich neue Dinge
hinzu. Durch mein spirituelles
Tun, hatte ich immer mehr ei-
ne intensivere Verbindung mit
den Erzengeln Michael und
Raphael. Diese beiden Erzengel
und Maria Mutter Gottes,
sprach ich immer direkt an.

Manchmal traf ich auch diese
Menschen aus meinen Visio-
nen. Sofort hatte ich das Ge-
sicht aus der Vision wieder in

meiner Erinnerung. Und das Gefühl, welches ich fühlte, beim Erhalt der Vision, dieses Gefühl hatte ich dann auch, wenn ich diese Menschen traf. Sie sprachen mich auch an. Und ich muss sagen, manchmal war es mir auch unheimlich, denn der ein oder andere Mensch fühlte sich nicht gut an, energetisch gesehen. Doch dies alles hatte einen Sinn. Diesen Seelen sollte der Kummer neutralisiert werden, dazu mussten sie meiner Seele begegnen. Zu Hause, bei meiner spirituellen Arbeit, legte ich meine Hände auf, um

ungute Energien zu neutrali-
sieren, in der Öffentlichkeit,
hätte es sicherlich etwas merk-
würdig ausgesehen, wenn ich
dies getan hätte, und noch da-
zu bei Menschen, welche mich
gar nicht kannten. Durch das
Treffen unserer Seelen aller-
dings, konnte meine Seele den
Kummer aufnehmen und die
Engel nahmen diese unguten
Energien sofort wieder meiner
Seele ab. So arbeitete meine
Seele auch, wenn ich selbst
keine Hände auflegte. War ich
unterwegs, und Menschen be-
gegneten mir, nicht nur diese

aus den Visionen, sprachen
manchmal ihre Seelen mit mir
im Vorübergehen, und hatten
mich fühlend wissen lassen, ob
sie Kummer oder Stress hatten.
Gefühle wie, „Kummer",
„Stress", „glücklich", „Lange-
weile", erreichten mich dann.
Die unguten Energien konnte
ich nun durch meinen Geist
und meine Seele an die Engel
abgeben zum Neutralisieren.
Und so ging es mit großen
Schritten nach vorn, denn die
Engel weihten mich nun auch
in die Seelenarbeit ein.

Eines Nachts begab ich mich aus dem Bett, denn ich konnte nicht schlafen. Mutter Maria fühlte ich, und sie führte mich zum Wohnzimmerschrank. Aus diesem entnahm ich meine Tarotkarten, welche ich cirka 17 Jahre vorher gekauft hatte. Allerdings hatte ich mit diesen Karten bis dahin nicht viel gearbeitet, da sie mir zu viele waren, und ich mir nie einprägen konnte, was, welche Karte bedeutete. Instinktiv kam ich auch nicht mit ihnen klar, und so hatte ich auch das Gefühl nicht mehr, mich mit ihnen weiter zu beschäftigen.

Mutter Maria sprach zu mir, „ Breite diese Karten vor dir aus, mein Kind.". Dies tat ich, und danach folgten drei Tage und drei Nächte, in denen ich nichts aß, wenig trank, doch ich war voller Zauber. Erzengel Raphael, sowie Erzengel Michael arbeiteten in dieser Zeit sehr intensiv mit meiner Seele und sprachen von Seelenarbeit. Das sie mich nun in diese einweihen würden, in dem sie mir bewusst machen, wie sie mit meiner Seele arbeiteten, und

ich so später, mit anderen See-
len arbeiten darf. Ich erlebte es
sehr intensiv. Alle meine bishe-
rigen Probleme aus meiner
Kindheit und Jugend, und
auch als ich schon Erwachsen
war, sprachen die Engel an. Ich
staunte nicht schlecht, was da
alles noch zum Vorschein kam,
von dem ich glaubte, es wäre
längst vergessen gewesen. Doch
es schlummerte in meiner See-
le, und wartete darauf erlöst zu
werden. Einmal, fühlte ich un-
glaublichen Stress, und dann
wieder eine glückliche Energie
in mir. All meine „Baustellen"

aus der Vergangenheit, wurden durchgearbeitet mit den Tarotkarten, und ich kam dabei gar nicht dazu, nachzudenken, wie ich das alles ganz automatisch machte. Denn nie hatte ich mich so intensiv mit diesen Karten beschäftigt. Von den Engeln wurde ich angeleitet nach und nach eine Karte zu ziehen, und meine Seele lies mich ihre Wunden fühlen. Diese kamen durch viel Weinen, oder durch Empörung zur Seelenoberfläche und hier wurden sie von Erzengel Michael neutralisiert.

Erzengel Raphael, lies mit seiner Energie diese Wunden dann heilen.

Meinen Mann wurde das Arbeiten etwas lang und er fragte mich, wann er mich mal wieder ansprechen dürfte, ich arbeite doch nun schon eine ganze Weile durchweg. Aber es war so interessant und heilend für meine Seele, und das fühlte ich auch sofort, dass ich ihm zu verstehen geben musste, dass ich es nicht weiß.

Als die Engel die Arbeit mit meiner Seele verrichtet hatten, fühlte ich mich anders, befreiter. Die Engel hatten nun die Seelenarbeit mit mir, meiner Seele abgeschlossen, und mich gleichzeitig in die Arbeit der Seelenarbeit eingeweiht. Noch heute empfinde ich dies als Wunder. Nicht nur, das ich nun die Seelenarbeit beherrschte, sondern das ich mein ganzes Tarotdeck, jede einzelne Karte zu deuten wusste.

Mit dieser Einweihung, konnte ich mich nun mit jeder Seele, welche dazu bereit war, verbinden, um sie von negativen Mustern zu heilen. Ich empfand es, als herausfordernde Arbeit, aber auch als sehr sinnvolle. Denn erst, wenn die Seele glücklich ist, kann es auch der Mensch sein.

Diese wunderbare energetische Hilfestellung für Menschen , welche wirklich ihr Leben ändern, und in eine neue Richtung lenken möchten, nämlich in die Richtung ihrer Seele, durfte ich nun ausüben, und war sehr glücklich darüber, empfand ich doch, die mit mir durchgeführte, spirituelle Seelenarbeit, als sehr sinnvoll, denn ich beschritt dadurch einen Weg zu meinen inneren Seelenfrieden.

Mein weiteres energetisches Arbeiten und die energetische Reinigung

Die Zeit verging und etwas später, lies ich mich noch bis zur Reiki-Lehrerin einweihen. So konnte ich nicht nur Reiki-sitzungen anbieten, dies ging ja bereits nach der Einweihung in den ersten Grad des Reiki, sondern, ich durfte nun auch andere Menschen einweihen, auch in andere spirituelle Energiesysteme. Immer fühlte ich mich sehr geführt auf meinem Weg.

Ich freute mich, und ich war gespannt, wie meine Seele sich nun weiterentwickeln würde.

Schon kurz nach meiner Einweihung in den zweiten Grad bekam ich die Verbindung zu den Engelsenergien. Mutter Maria sowie die beiden Erzengel Michael und Raphael, weihten mich in die Seelenarbeit ein, nachdem sie, Erzengel Michael und Erzengel Raphael mit meiner Seele gearbeitet hatten.

Für mich war es ein tägliches Tun, mich selbst mit Reiki zu behandeln, aber auch, unsere Katzen. Sie liebten dies. Einige von ihnen, zogen mit ihren Pfötchen manchmal sogar meine Hand auf eine bestimmte Stelle, wo sie ungute Energien hatten.

Es war nun schon der zweite Tag, wo Gismo, unser Britisch Kurzhaar Kater, im Körbchen liegen blieb. Ich machte mir nun Gedanken, doch ich spürte Mutter Maria sagen, „Mein Kind bewahr die Ruhe, du bist geführt." Mutter Maria bat mich, Gismo vor mich auf den Tisch zu legen. Erzengel Raphael, bat mich nun Gismo energetisch abzuscannen. Abscannen? „Mit meiner Hand über seinen Körper", lies ich Erzengel Raphael über mein Gefühl wissen. „Nein, du scannst seinen Körper ab, indem du dir den Körper auf Augenhöhe vorstellst, und mit den Händen, oder mit den Augen, dieses Luftbild abfühlst", fühlte ich seine Antwort. Dies hatte ich bis dahin noch nie getan. Gismo lag nun vor mir, und ich dachte mir, warum soll ich mir das vorstellen, wenn er doch tatsächlich da ist. Doch in diesem Moment fragte ich nicht nach, und versuchte nun dies zu tun. Und es ging einfacher, als ich dachte. Doch leider fühlte ich in der Bauchgegend eine faustgroße ungute Energie. Dies machte mir etwas Angst, doch Erzengel Raphael beruhigte mich, und ich spürte wie die Angstenergie in mir schwand. Erzengel Raphael lies mich fühlen, ich solle immer Vertrauen in die Energiearbeit haben.

Nun musste aber Gismo von dieser unguten Energie befreit werden, welche ich bis zu diesem Tag gar nicht bei ihm wahrnehmen konnte. Bisher hatte ich meine Hände immer auf den Stellen mit den unguten Energien gelassen bis sie neutralisiert waren, doch nun zeigten mir die Engel, wieder eine neue Methode.

Gismo lag immer noch auf dem Tisch und verhielt sich ruhig.

Mit vielleicht einem Zentimeter Abstand zu seinem Fell führte ich nun meine Hand, über seinen Körper, bis ich an die Stelle mit der unguten Energie kam. Nun spürte ich sie wieder, genau wie beim Abscannen. Ich fühlte die Führung der Engel, denn wie von allein, formte sich meine rechte Hand, wie zu einem zangenähnlichen Gebilde, und immer noch war ich ein Stückchen weit über seinem Fell. Vorsichtig tauchte meine Hand in seine Aura und ich spürte wie sich meine Hand um diese faustgroße Energie formte. Erzengel Raphael fühlte ich nun bei mir. Ich erschrak kurz, denn Gismo zuckte zusammen. Langsam holte ich diese ungute Energie mit meinen Händen heraus. Es war eine unglaubliche Ruhe im Raum und es fühlte sich an, als ob ich es noch nie anders gemacht hätte, oder schon sehr oft, ganz automatisch bat ich Erzengel Michael, diese Energie zu neutralisieren, und sofort zu entfernen. Dazu stellte ich mir einen großen Eimer vor, wo ich sie hinein gab, und diesen an Erzengel Michael übergab.

Ich überlegte nicht, alles ging ganz automatisch. Noch nie vorher hatte ich mir überlegt wie ich negative Energien, bildlich an Engel übergeben konnte.

Nun sprach Erzengel Raphael zu mir, ich sollte Vertrauen haben, und Gismo noch Reiki - Energie geben. Ab dem nächsten Tag jedoch, sollte Gismo zehn Minuten Baraka, eine Heilenergie (Gründer Peter Köster), durch mich erhalten und Erzengel Raphael, würde immer dazu kommen. Mir war es natürlich mehr als recht.

Der nächste Tag war gekom-
men, und ich machte mich an
die energetische Behandlung
mit Gismo. Ich musste ihn
nicht einfangen oder suchen,
denn er lag in seinem Körb-
chen, und machte einen sehr
müden Eindruck. Ich zweifelte,
und wollte mit ihm zum Tier-
arzt. Zwei Sekunden später
wieder, hatte sich dieses Gefühl
von allein verabschiedet, um
kurz darauf wieder zu kom-
men. Gerade sagte ich zu Gis-
mo, „Am besten ich packe dich
ein, und lass dich untersu-
chen", dabei war mein Gefühl

hin und hergerissen. Da fühlte ich Erzengel Raphael sagen, „Hab doch Vertrauen, und lass nun Energie fließen.". Ich nahm Gismo aus seinem Körbchen, und legte ihn wieder vor mir auf den Tisch. Auch dieses Mal blieb er wieder, genauso wie den vorherigen Tag, und auch die kommenden Tage, ruhig liegen. Ich legte meine Hände auf seinen Körper, und lies wie von Erzengel Raphael gewünscht, Energie zu Gismo fließen.

Auf einmal spürte ein weißes Licht, dieses floss mit der Energie. Kurz darauf fühlte ich ein grünes Licht in meinen Händen. „Hab Vertrauen", fühlte ich Erzengel Raphael sagen.

So vergingen die nächsten Tage. Bereits bevor ich Gismo am letzten Tag mit Energie behandelte, fühlte er sich sichtlich wohler. Insgesamt wurde Gismo an neun Tagen durch mich mit Energie versorgt.

In meine spirituelle Arbeit wuchs mein Vertrauen, und Gismo durfte noch viele Jahre, glücklich mit uns leben.

Eine lehrreiche Zeit hatte ich verbracht. Und dachte immer wieder vor allem an die Arbeit mit den Engeln. Dabei kam ich immer wieder zu der einen Frage, „Wie konnte ich denn wissen, welche Farbe bei welcher Behandlung die richtige wäre."

Ich bat Erzengel Raphael um Hilfe, mir Klarheit darüber zu verschaffen.

Er lies mich fühlen, du kannst nichts falsch machen, und ich fühlte ihn lachen.

Nun bat er mich, wie bei der Behandlung mit Gismo, mir

ein Licht vorzustellen, welches mit Energie fließen sollte. Ich versuchte dies, doch seltsamer Weise gelang mir dies nicht. „Es geht nicht", lies ich es ihn wissen.

„Das ist richtig", fühlte ich ihn sagen. „ Du hast keinen Einfluss darauf, und deine Angst ist unbegründet, denn es waren wir, die Engel mit unserem Lichtstrahl." Zu einem späteren Zeitpunkt arbeitete Erzengel Raphael auch noch mit anderen Engeln durch mich. Nun hatte ich endlich begriffen, dass es keine Farben im

herkömmlichen Sinn waren,
sondern der jeweilige Engel mit
seinem Lichtstrahl.

Und so wurde mir immer mehr
bewusst, die Engel sie helfen
durch meine Seele, und sie
lässt mich fühlen, nun bin ich
am richtigen Platz.

So ist jede spirituelle Lebensbe-
ratung, jede Reikisitzung,
auch jede Einweihung anders.
Schon die Vorbereitung einer
Sitzung macht mir unglaub-

lich viel Freude und ich bitte die Engel dazu.

Ist es dann so weit, und ich darf meine Klientin empfangen, findet sie eine Mischung aus vielen Edelsteinen vor, welche ich in einer kleinen Truhe aufbewahre. Aus dieser darf sie sich Steine entnehmen, wenn sie es möchte. Dabei spielt ganz leise, eine schöne Entspannungsmusik, eine Kerze brennt und eine Kräuter- oder Hölzerräucherung erfüllt den Raum mit Duft.

Durch meine spirituelle Arbeit,
ist es für mich von großer
Wichtigkeit, mich immer wie-
der energetisch zu reinigen,
dies auch mehrmals am Tag.
Dabei ist es nicht wichtig, ob
ich Klienten habe oder nicht.
Die energetische Reinigung ist
für mich unerlässlich.

Hiefür bediene ich mich den
üblichen Praktiken der energe-
tischen Reinigung. So zum
Beispiel, stelle ich mir eine
Lichtdusche vor, und setzte
mich im Anschluss daran, in
ein Lichtei.

Spüre ich manchmal sehr schwere Energien, dann bitte ich Erzengel Michael, mich energetisch zu reinigen, dies geht viel schneller.

Für mich gehört auch öfters eine Chakrareinigung dazu, wenn ich mich energetisch reinige. Meist schließe ich diese an, wenn ich mich mit Reikienergie, oder anderen spirituellen Energien behandelt habe. Nach der Chakrareinigung stärke ich meine Energiezentren.

Aber nicht nur mich reinige ich energetisch.

Für mich wurde es sehr wichtig, meine Räume energetisch zu reinigen. Dies mach ich ganz unterschiedlich, und nach Gefühl. Wenn ich früher einen weißen Lichtblitz durch jeden Raum sendete, so reinige ich die Räume heute, indem ich mir vorstelle, wie alle Energien von der Decke, der Wand und vom Boden sich zusammen rollen, und durch die Fenster neutralisiert entweichen. Ich spüre dann, wenn alles energetisch gesäubert ist. Einmal die

Woche lade ich auch Erzengel Michael dazu ein, und wir machen eine große energetische Reinigung. Er säubert dann die Wohnung energetisch nach meiner Hausordnung. In dieser halte ich fest, wer in unserer Wohnung nur sein darf. Dies spreche ich täglich jeden Abend und visualisierte die Fenster und Türen blickdicht zu. Da ich sehr gern räuchere, auch mit Weihrauch, zieht dann so mancher Duft durch meine Räume.

Meine Träume
und wie ich sie deute

Eigentlich immer schon hatte ich ein reges Traumleben. Doch in meiner Umbruchphase zur Selbstständigkeit und noch einige Jahre danach, kam es vor, dass ich drei bis vier Träume in einer Nacht hatte. War so eine Nacht mit vielen Träumen, fühlte ich dies auch am Morgen, denn ich konnte schlecht aufstehen.

Um die Träume deuten zu
können, kaufte ich mir ein
Traumdeutungsbuch.

Bis auf wenige Ausnahmen,
konnte ich aber nicht wirklich
meine Träume deuten, denn ich
fand nie alles das darin, was
ich suchte. Die Wörter, bei de-
nen ich nachlesen konnte, was
es zu bedeuten hatte, halfen
mir aber für den gesamten
Traum nicht viel weiter.
Manchmal hatte sich in meiner
Seele ein ungutes Gefühl nach
einem Traum eingestellt, und
blieb auch haften. Beim Nach-

schlagen durfte ich dann auch noch lesen, das manches nichts Gutes verhieß. Dies lies mich mitunter noch schlechter fühlen. Das machte mich unzufrieden, und manchmal, auch ängstlich.

Als ich später, eine intensivere Verbindung zu den Engeln spürte, bat ich Erzengel Michael um Hilfe.

Ich fühlte dann aber Erzengel Raphael sagen, „Besorge dir bitte ein Traumbuch". Dies tat ich und ich fühlte, ich sollte nun die Träume aufschreiben. Als erstes entschied Erzengel

Raphael, welchen Traum ich einfach in das Buch einschreiben durfte, denn es gab auch immer mal wieder einen Traum, welcher durch Erzengel Michael energetisch neutralisiert werden musste.

Dies hatte mit falschen und kritischen Energien zu tun, denn diese waren es, welche mich ängstlich fühlen lassen hatten, und diese Angst galt es zu neutralisieren. Ich lernte nun auch mit Hilfe der Tarotkarten, welche ich ja bereits schon bei der Seelenarbeit nutzte, meine Träume zu deuten.

Mit den Jahren haben sich nun viele Traumtagebücher angesammelt, welche voller Träume sind, doch heute brauch ich die Karten fast gar nicht mehr zum Deuten. Ich fühle oft so, was meine Seele mir damit sagen möchte.

Des Weiteren gibt es noch einen schönen Nebeneffekt, dass ich diese Traumtagbücher führe. So kann ich, wenn ich möchte

immer mal wieder darin lesen.
Kann mich dann wieder rein-
fühlen und erkennen, ob der
ein oder andere Traum sich be-
wahrheitet hat.

Manchen Traum konnte ich
auch wirklich eins zu eins erle-
ben.

Spirituelle Zeichen und ein liebenswerter Waldgeist

Spirituelle Zeichen sind für mich immer wieder ein Wunder, wenn ich sie wahrnehmen darf. Der Einfallsreichtum der Engel ist so groß, das mich die spirituellen Zeichen auf ganz unterschiedlichen Wegen erreichen.

Oft erhalte ich die Zeichen der Engel, auch als Antwort auf meine Fragen, die mich beschäftigen.

So kann es ein Lied, eine Stro-
phe, oder sogar nur eine Zeile
eines Textes sein, welche mich
erreichen, und mir die Antwort
auf meine Frage bringen.

Aber die Engel lassen mich
noch mehr staunen.

Wolkengebilde, zeigten sich
mir auch als Antwort, oder als
Bestätigung für meine Gefüh-
le. In ihnen konnte ich Engel,
Tiere und andere Dinge erken-
nen. Dieses habe ich sehr oft fo-
tografisch festhalten können.

Es kam auch vor, das die Engel
mir einen Traum als Antwort
durch meine Seele schickten,
oder wenn es schnell gehen soll-
te, sofort als Gefühl.

Auch die Naturwesen gaben
schon viele spirituelle Zeichen
ab. In den Baumrinden, durfte
ich sie sehr oft sehen, und auch
sie zeigten sich auf ganz un-
terschiedliche Weise. So konnte
ich Gesichter entdecken, Her-
zen, Gegenstände, Tiere und
vieles mehr. Es machte mir
große Freude, wenn ich sie als
Foto mit meiner Kamera fest-

halten konnte, um sie mir zu Hause noch mal ansehen zu können. Ich sprach auch mit ihnen und erfuhr so, was sie bewegte, sich mir zu zeigen.

Manchmal hatten sie mich fühlen lassen, dass sie mich einfach willkommen heißen wollten. Doch es gab auch andere Gründe, wenn zum Beispiel viel Kummer in dieser Gegend herrschte. Hier lies ich dann Reikienergie fließen, um die Kummerenergie zu neutralisieren.

Wenn ich doch die Engelwesen sehr oft fühlen darf, und sie sich mir öfter zeigen, so durfte ich einen Waldgeist, erst einmal entdecken.

Mein Mann und ich gingen an einem See, der an einem Waldrand lag am Abend spazieren. Es war Sommer und ein sehr warmer Tag. Als wir den kleinen Weg zwischen dem Wald und dem See entlang gingen, spürte ich eine Energie. Noch konnte ich sie nicht sehen. Aber, wenn ich mich immer wieder kurz um schaute, hatte ich immer mehr das Gefühl, sie versteckt sich vor uns. Dies ging einige Minuten so, und ich freute mich, spürte ich doch, eine freundliche Energie. Diese wiederum, zeigte sich mir dann auch, und ich konnte sie nun als kleinen Mann, mit alter hochgezogener weiter Hose, einem blau-grau karierten, weiten Hemd, und einer spitzen, grünen Filzmütze erkennen. Wir beide hatten unsere Freude an diesem Spiel, doch leider ist mir dies bisher noch nicht wieder begegnet.

Ein Mal erhielt ich ein sehr
nützliches und hilfreiches Zei-
chen von den Engeln, obwohl
ich nie danach gefragt hatte.
Mein Herz war schwer, wenn
wir in Urlaub fuhren, wusste
ich doch, dass mein Kater Wa-
nuscha wieder Angst hätte, ich
käme nicht wieder. Manchmal
hatte ich gar keine Lust zu
fahren, weil ich ihn dann zu-
rück lassen musste, mit seiner
Angst. Erzengel Raphael sen-
dete mir ein Zeichen während
einer Meditation zu, und lies
mich fühlen, ich solle es auf-
zeichnen. Dies tat ich, und ich

fühlte Erzengel Raphael sagen, dass es ein Zeichen für Wanuschas Seele und meine Seele sein würde. Unsere Seelenverbindung wäre damit unterbrochen, und er würde keinen Schmerz fühlen, wenn ich nicht da wäre, und somit wäre auch der Kater ruhiger. Dieses Zeichen stelle ich mir vor wie die Reikisymbole und sendete es ihm. Ich hatte es mal ausprobiert, als ich ihn eine Weile allein in einem Zimmer gelassen hatte. Ich musste es einfach tun. Erzengel Raphael bat ich um Vergebung, denn mein

Versuch, den ich nun vorhatte,
war ja schließlich nichts ande-
res als Zweifel und fehlendes
Vertrauen, ob dieses Zeichen
den Schmerz beenden könnte,
wenn unsere Seelen getrennt
sein würden. Doch ich empfing
ein angenehmes Gefühl und so
nahm ich an, dass Erzengel
Raphael Verständnis für mein
Tun aufbringen würde. Als
Wanuscha allein im Zimmer
war, dauerte es eine Weile bis er
anfing zu weinen. Ich schreibe
ganz bewusst weinen, weil es
nicht wie miauen klang. Diese
Energie hörte sich an, wie

Angst. Als ich das Zeichen jedoch schickte, war es augenblicklich still, ich holte ihn natürlich wieder aus dem Zimmer, aber ich war beruhigt, wusste ich nun, das dieses Zeichen unser beider Seelen ruhig werden lies.

Entspannung für Körper, Geist und Seele

Entspannung, war früher ein Fremdwort für mich, war ich doch immer viel zu schnell unterwegs und wollte irgendetwas zu tun haben. Irgendwann jedoch, wurde es ab und an etwas zu stressig und so wollte ich es mit Entspannungsmusik versuchen.

So kaufte ich mir welche, mit Naturgeräuschen und musste feststellen, dass sie mich nicht zur Ruhe haben kommen lassen, ganz im Gegenteil, es machte mich rasend, diese Hintergrundgeräusche wie Vogelgezwitscher und Wassergeplätscher. So kaufte ich mir noch eine andere Entspannungsmusik, doch auch diese, verfehlte ihr Ziel. Umso langsamer die Musik, umso mehr Stress entwickelte sich in mir.

Das alles brachte mich dazu, vom Entspannen erst mal wieder Abstand zu nehmen. Was natürlich nicht gut war.

Nach dem ich meine zweite Arbeitsstelle aufgegeben hatte, beschäftigte ich mich viel mit mir selbst, und so besuchte ich auch eine Therapie. In dieser Therapie war es unbedingt erforderlich, die CD mit Entspannungsmusik und aufgesprochenen Text vom Therapeuten anzuhören. Es war ein Kampf. Zuerst teilte ich ihm mit, dass das für mich nicht geht, da ich ja schon versucht hatte mit verschiedenen Entspannungsmusiken zu entspannen. Doch er vertraute seiner Fähigkeit und lies mich wissen, ich müsste mir das nicht bewusst anhören. Es ginge darum, dass meine Seele unterbewusst damit arbeiten sollte, also könne ich auch andere Dinge in dieser Zeit tun, oder an was anderes denken. Dies stellte ich mir auch schwierig vor, doch ich versuchte es. Nach der ersten Woche des Versuchens, lies ich ihn wieder wissen, dass das nichts für mich wäre und ob ich das nicht lassen könnte. Doch er machte mir klar, dass dies ein Teil der Therapie wäre, auf welcher er nach und nach aufbauen möchte. Also ging ich in mich und gab alles. Auch, wenn es seine Zeit dauerte, so schaffte ich es doch, meinen Körper, Geist und Seele zu entspannen.

Fort an konnte ich gut entspannen, und ich fügte dies in meinen tägliches Tun mit ein. So gelang mir auch die Meditation, diese mich in eine noch tiefere Ebene hinein spüren lies.

Hier bekam ich auch Antworten auf meine offenen Fragen. Beschäftigte mich etwas, so meditierte ich darüber. Und wenn ich offen genug war für meine Seele, so durfte ich auch die Antworten in Empfang nehmen. Diese kamen oft durch Bilder zu mir, aber auch durch Gefühle.

Das Übernehmen körperlicher Schmerzen

Nach dem ich meine Selbstständigkeit angefangen hatte, und ich mich spirituell immer weiterentwickeln durfte, kamen immer wieder neue, schöne Erfahrungen für mich hinzu.

Eine Erfahrung, welche mich doch am Anfang befangen werden lies, war das übernehmen meiner Seele von körperlichen Energieblockaden, anderer Menschen.

Das aller erste Mal, spürte ich
es bei einem Telefonat mit einer
Frau, welche sich informieren
wollte, wie eine Reikisitzung
bei mir ablaufen würde. Während des Gespräches, spürte ich
Schmerzen in meiner linken
Schulter und sagte instinktiv
„ Sie haben Probleme in der
linken Schulter", „ Stimmt,
woher wissen sie das?" hörte ich
sie fragen. „ Ich spüre es gerade
„ gab ich ihr zur Antwort.

Ich fragte Erzengel Michael, ob
ich dies immer so spüren würde.

„Nur wenn deine Seele offen dafür ist" fühlte ich ihn antworten.

Es sind mitunter heftige Blockaden, welche meine Seele schon übernommen hatte, und diese hatten mich manchmal sehr befangen werden lassen, und Erzengel Michael hatte viel zu tun, um mich wieder auf die Beine zu stellen.

Schmerzhaft ist es aber nur, wenn ich mich nicht energetisch geschützt hatte. Bei Reikisitzungen oder spirituellen Lebensberatungen schütze ich mich immer, und so werden sie sofort neutralisiert und durch die Engel abgenommen.

Aber, es kam eben auch vor, das ich mich, wenn ich keine Termine hatte, immer mal wieder erwischte, mich nicht ins Reiki eingeloggt zu haben, und so mit hatte ich dann sehr damit zu tun, diese Blockaden wieder abzugeben. Manches Mal, war es schon so schlimm, ich konnte nicht mal mehr Erzengel Michael bitten, diese aufzulösen. Ich musste mir erst mal selbst Reikienergie zuführen, und wenn es dann etwas besser war, aber trotzdem leider noch heftig, bat ich dann Erzengel Michael um Hilfe. Meine Seele hatte so viel ungute Energie aufgenommen, ich konnte mich dann nur noch hinlegen und mir erst mal selbst Reikienergie zu kommen lassen. Im Nachhinein fühlte es sich immer so an, als ob meine Seele für die wundervolle Engelsverbindung nicht mehr offen gewesen wäre. Es war alles blockiert, das Denken war eingeschränkt und auch die Verbindung zu den Engeln.

So lernte ich schmerzhaft, mich immer energetisch zu

schützen, auch wenn keine Termine anstanden. Denn ohne eine spürbare Verbindung zu den Engeln wollte ich nicht sein.

Meine Gefühle

Schon als Kind konnte ich Energien fühlen. Vor allem aber, fühlte ich damals die unguten Energien. Mit der Zeit durfte meine Seele lernen, alle Energien wahrnehmen zu können.

So konnte ich auch schon fühlen, als ich noch meiner „weltlichen " Arbeit nach ging, ob jemand mir falsch oder ehrlich begegnete.

Das machte mir anfänglich Probleme. Denn, ich fühlte die

Seele des Gegenüber, und ver-
hielt mich dem entsprechend
meinem Gegenüber.

Dies führte unweigerlich zu
Missverständnissen. Denn ich
fühlte, dass das Gegenüber sich
eigentlich hätte anders verhal-
ten müssen, als es dies tat.

Mit den Jahren, wurde dies
nicht besser, aber, ich lernte
mich, auf das gesagte Wort zu
konzentrieren, und nicht mehr
so stark zu fühlen, denn ich
merkte bei meiner Arbeit,
brachte mich das besser durch
den Tag. Mit der Zeit konnte
ich dann beides gut, nicht nur

das Fühlen, sondern auch mich auf das zu beschränken, was mir als Worte entgegen gebracht wurde.

Seit ich meine Berufung lebe, und mich im spirituellen Bereich selbstständig gemacht habe, ist es für mich auch unerlässlich, auf beides zu achten. Denn bei einer spirituellen Beratung oder Sitzung ist es wichtig, das zu Fühlen, was die Seele mir mitzuteilen bereit ist, ansonsten würde keine wirkliche Hilfe möglich sein.

Was ich
unter spirituell verstehe

Ich glaube, alle Seelen sind spi-
rituell, sonst wären sie nicht
auf dieser Welt, um zu lernen.
Nur liegt es an jedem Selbst, ob
er sich dem Zugang seiner
Seele öffnet, und sich traut den
Weg seiner Seele zu gehen.

Auch glaube ich, wenn wir die
übertriebene Selbstbezogenheit,
dabei außer acht lassen, dürfen
wir uns durchaus, auf eine
wundervolle Zeit freuen. Denn

spirituell bedeutet für mich auch, neugierig, ehrlich ,wissbegierig, intuitiv durch sein Leben zu gehen und sich mutig auch auf neue Wege zu begeben, wenn man dies fühlt.

Meiner Meinung nach, muss man dazu nicht Kartenlegerin oder Reikilehrerin sein. Für mich sind alle Menschen spiri- tuell, die ihre Verbindung zur Seele fühlen. Lässt ein Mensch aber noch diese Verbindung zu seiner Seele in seinem Leben einen großen Stellenwert ein- nehmen, dann ist dies für mich Liebe, denn dieser Mensch findet durch seine gesunde Selbstliebe zu seinem Seelenfrieden, und was dies für eine Welt bedeuten kann, lässt jedes liebende Herz höher schlagen.

Ich bin sehr für den Frieden auf dieser Welt, doch muss zuerst der Seelenfrieden eines jeden Menschen in ihm Einkehr halten, um den Frieden auch auf der ganzen Welt zu haben, das glaube ich ganz fest.

Die Kraft des Gebetes
„Das Vater unser"

Als ich das Licht dieser Welt erblickte, konnte man nicht übersehen, dass ich unterhalb der rechten Brust, einen großen Blutschwamm hatte. Nach vier Jahren sollte dieser operativ entfernt werden.

Meine Mutter, hatte sich damals dagegen entschieden, und besprach diesen einige Male, mit dem „Vater unser" bei zu zunehmenden Mond, und der Blutschwamm, löste sich nach und nach auf. Als ich noch jünger war, konnte man sehr zarte Umrisse erkennen, doch heute nicht mehr.

Das „Vater Unser" sprach ich auch schon, wenn ich ungute Energien in meiner Seele fühlte. Das passierte, wenn meine Seele, Kummerenergien anderer Seelen übernommen hatte. Sprach ich das Gebet, so fühlte ich merklich, das die unguten Energien sich auflösten.

Erzengel Raphael bestimmt die Stärke der Energie, denn diese kann unsagbar stark werden, wie ich schon einmal fühlen konnte.

Einen unsagbar kräftiger Energiestrom, wie nicht von dieser Welt, spürte ich durch meine Arme fließen, als ich diese an die betreffenden Stellen mit der unguten Energie auflegte. Ich sprach das „Vater unser" und darauf begann der Energiestrom zu fließen.

In dieser sehr starken Energieintensität habe ich es bis heute nicht noch mal gefühlt.

Meine Liebe
zu Edelsteinen

Als kleines Mädchen, mit vier
Jahren hatte ich einen Wunsch.
Einen Fingerring, mit einem
roten Stein. Diesen bekam ich,
und ich liebte ihn so sehr, das
ich ihn zum Fressen gern hat-
te, und tatsächlich verschluck-
te. Nach dem mein Gesicht
schon eine leichte bläuliche
Färbung hatte, und meine
Mutter noch zur rechten Zeit
kam, um mir zu helfen, tauch-
te er, nach viel Mus, auf natür-

lichem Weg, nach nur wenigen Töpfchensitzungen, wieder auf.

Diese Geschichte, gab schon einen Einblick darauf, dass meine Seele viel Kraft bräuchte in diesem Leben.

Bis vor fünf Jahren, trug ich täglich Edelsteinschmuck. Diesen wählte ich nicht nach meiner Kleidung, sondern nach dem Gefühl, nach meiner Seele aus. Sie lies mich fühlen, welcher Stein gerade für mich wichtig war. Dies konnte täg-

lich anders sein, oder wochen-
lang auch derselbe Stein.

Erst nach dem Ableben meiner
Mutter, vor fünf Jahren, hatte
ich auf einmal nicht mehr das
Bedürfnis mich mit Edelstei-
nen zu schmücken.

Die Liebe zu diesen Steinen, je-
doch blieb.

Ihre Energien harmonisieren
auch meine Räume, denn in
den vielen Jahren haben sich
ganz viele schöne Steine zu
mir gesellt, auch in Form von

Brunnensteinen, Hand-
schmeichlern, und, und, und.

Auch einige Seelen meiner
Katzen, mögen sie gern.

Manchmal, lege ich einen
Stein ganz intuitiv mit ins
Körbchen, dann geht ein Pföt-
chen drauf, und es wird ge-
schnurrt, und schließlich fried-
lich eingeschlummert.

Für meine Seele waren die
Edelsteine vor allem unerläss-
lich, als ich noch meiner weltli-
chen Arbeit nach ging. Doch
auch dies verstand ich erst im

nach hinein, wie so manches andere auch.

Wie ich mit Engeln kommuniziere

Noch nie habe ich mir wirklich große Gedanken gemacht, welchen Engel ich zu welchem Problem ansprechen muss.

Vor meinen Einweihungen in die Reikienergie, sprach ich munter darauf los, und hatte keine Zweifel, dass es nicht ankommen könnte. Bereits nach der Einweihung in den zweiten Reikigrad, hatte ich die Verbindung zu Maria Mutter Gottes. Ich sprach automa-

tisch mit ihr. Ich fühlte dass
Erzengel Michael, die negati-
ven Energien neutralisierte,
und so sprach ich ihn an, wenn
ich damit Probleme hatte. Erz-
engel Raphael, war für die Hei-
lung der Seele zuständig.

Natürlich hatte ich auch mal
ein anderes Problem, und
wusste das es noch viele andere
Erzengel gab, und wenn ich
mich intensiv mit einem Prob-
lem befasste, bekam ich auch
die Eingebungen, welchen En-
gel ich dazu um Hilfe bitten
konnte. Ging es aber um keine
gravierenden Probleme, son-

dern nur um kleine alltägliche Dinge, so sprach ich immer Erzengel Michael an, und bat ihn den dafür zuständigen Engel zu informieren. Das mache ich auch heute noch so. Und dies klappt ganz wunderbar.

Auch heute rede ich noch mit ihnen, wie mit guten Bekannten. Und auch die Engel spüre ich zu mir sagen, „Sprich einfach aus, was du uns zu sagen hast." Und so erzähle ich ihnen alles, was mich bedrückt, aber ich sage ihnen auch, wenn mich etwas besonders freut, und danke ihnen.

Noch mal kurz geschaut

Schon als junges Mädchen, mochte ich gern helfen. Das heißt nicht, dass ich immer alles gern tat, was mir aufgetragen wurde. Sondern viel mehr ging es darum, dass zu tun, was meine Seele für richtig hielt. So schleppte ich schon mit 12 Jahren 20 Zentner Kohle in den Schuppen meiner Großeltern, ohne das mich jemand darum gebeten hätte. Einfach weil ich ihnen helfen wollte. Sicherlich spürte meine Seele, dass es schwere Arbeit für meine Großeltern war, und meine Eltern waren selbst auch gut beschäftigt.

Doch immer fühlte ich mich falsch in dieser Familie. Als ob ich nicht dazu gehören würde. Bevor ich von meiner Familie weg ging, war es mir wichtig mich auszusprechen. Ich schrieb Briefe und danach sprachen wir darüber. Doch leider, brachte dies nichts. Im Gegenteil es verschärfte sich so manches danach, und so lies meine Seele mich fühlen, geh.

Ich fühlte mein Weg in dieser Familie war hier zu Ende. Denn alles was mir wichtig war, ihnen zu helfen, ehrlich miteinander umzugehen, wurde von ihnen nicht mitgetragen. So hoffte ich, dies wird sich alles noch umkehren. Sie werden noch wachsen und alles wird gut. Doch so kam es leider nicht. Und so blieb mir zu hoffen, es wird einen anderen, neuen und vielleicht besseren Weg für mich geben. Aber bis ich dies verstand und fühlte, war es auch ein unglaublicher Kampf, mit meiner Seele und meinem ICH. Meine Seele gewann und danach war ich im Vertrauen.

Viele Jahre arbeitete ich in einem „weltlichen" Beruf, wie ich immer so schön sage. Doch als ich mit Anfang vierzig, diese Arbeit hinter mir lies, war es gut das mein Mann an meiner Seite war. Ich bin unendlich dankbar, dass ich diesen Menschen finden durfte. Auch er ist spirituell. und hat aber einen Weg gefunden, beiden Tätigkeiten, der weltlichen, und der spirituellen Tätigkeit, nachzugehen. Dadurch hatte

ich sehr viel Verständnis, bei
der Herausforderung meinem
Seelenweg, der nur noch spiri-
tuell sein würde, gehen zu dür-
fen.

Eine Kartenlegerin erzählte
mir mal vor vielen, vielen Jah-
ren, ich sei die Königin des
Wandelns. Damals, wusste ich
nichts damit anzufangen.
Aber sie erklärte mir, dass wo
immer ich war, dass dort die
Energien, die nicht stimmig
waren, gewandelt werden. Da-
mals konnte ich mir das noch
gar nicht so vorstellen. Heute

weiß ich, diese Dame hat recht
behalten. Es gab schon einige
Situationen, nicht nur privat,
wo dies zum Tragen kam. Das
alles macht meine Seele in Ver-
bindung mit der geistigen
Welt, den Engeln. Sehr oft
muss ich mich auch vor den
Seelen verschließen, weil ich sie
sonst alle reden fühle. Es ge-
nügt ein Blick in irgendein
Gesicht, und ich bekomm vieles
gesagt, was diejenige Seele sa-
gen möchte. Das kann für
mich manches Mal sehr er-
schöpfend sein. Bei meiner spi-
rituellen Arbeit jedoch, finde

ich es wichtig, um so dem Menschen wirklich helfen zu können. Also auch diese Arbeit, hat ihre zwei Seiten, doch es ist die Aufgabe meiner Seele, und somit mein Seelenweg. Dieser wiederum bringt mir Harmonie, und Seelenfrieden. Natürlich kann ich immer nur für mich selbst sprechen. Aber, ich für mich darf sagen, es hat sich gelohnt diesen neuen Weg zu gehen. Natürlich war, und ist es ein Entwicklungsprozess. Wenn ich früher meinen Frust weg geshoppt hatte, so suchte ich später das Gespräch.

Das lies meinen Kummer kleiner werden, und sparte Geld. Wenn ich etwas wirklich brauch, dann kauf ich es, denn ich lernte zu unterscheiden, was mich wirklich glücklich macht. Nicht irgendwas gekauftes, da ging es mir früher nur kurzzeitig gut, sondern die Probleme angehen, ansprechen und erkennen, ob ich etwas daran ändern kann. Dazu gehörte auch Mut und Ehrlichkeit. Dies half mir aber sehr, und so kam ich Stück für Stück in ein anderes, neues Leben, aber doch mein Leben.

Einen großen Schritt tat ich noch mal, als ich mich in die Reikienergie einweihen lies. Besonders nach der Einweihung in den zweiten Grad. Maria Mutter Gottes durfte ich seit dem sprechen hören, und sie begleitete mich auch bei dem Schreiben dieses Buches.

Dieses ist bereits mein fünftes Buch. Die anderen Bücher enthalten meine Gedanken und Gefühle zu ganz unterschiedlichen Facetten des Lebens, einige sind auch mit Fotos versehen. Dies war auch ein Schritt in eine neue Richtung für mich. Vor zwei Jahren, begann ich mit dem Schreiben, und es machte mir unglaublich viel Freude. Auch das Fotografieren ist zu einer Leidenschaft geworden, ich vergesse die Zeit dabei und fühle mich meiner Seele unglaublich nah.

Vieles durfte ich durch die geistige Welt erfahren.

Meine Krafttiere meldeten sich bei mir. Und ich bekam auch manchmal Zeichen über die Tiere. So beim Spazieren ge-

hen, wenn ich da eines sah,
dessen Energie für mich gerade
wichtig war, fühlte ich es. So
zum Beispiel als ich mit mei-
ner Dualseele kommunizierte,
sah ich sehr oft zwei Schwäne.
Zog sich diese zurück oder
meine Seele ging in die Zu-
rückgezogenheit, dann begeg-
nete mir nur ein Schwan.

Oder ich bekam einen Storch
zu sehen, dann folgte auch
immer eine Veränderung,
mochte sie noch so klein sein.

Mein Leben wurde durch die gelebte Spiritualität meiner Seele, auf einmal viel bunter, und ich hielt mich auch viel mehr in der Natur auf.

Mein Vertrauen wuchs ständig mit den Jahren, und so fühlte ich mich auch immer wohler. Natürlich gab es auch mal wieder einen Zweifel. Doch das stimmte mich nicht unbedingt unzufrieden. Denn ich bin ein Mensch, welcher sich auch immer mal wieder selbst überprüfen muss. Das war schon immer so, und dies wird sich wohl auch nicht mehr ändern.

In diesem Sinn gute Fahrt voraus!

Wünsche

Nun ist das letzte Kapitel dieses Buches aufgeschlagen.

Als ich das vorletzte Kapitel fertig geschrieben hatte, spürte ich, eins sollte noch geschrieben werden. Und tatsächlich brauchte ich ein Weilchen, um diesem, einen Namen zu geben.

Nach ein paar Überlegungen, fühlte ich immer mehr es geht um Wünsche und so heißt dieses Kapitel „Wünsche"

Wünsche. Klingt doch gut und wenn mir früher mal jemand schon gesagt hätte, dass ich mit Engeln arbeiten werde, und sie mit mir, hätte ich bestimmt gesagt, „ Oh, fein. Sie werden alle meine Wünsche erfüllen, sitze ja schließlich an der Quelle."

Doch durfte ich schon die Erfahrung machen, dass „Meine Wünsche", nicht unbedingt zu meinem Besten waren.

Es liegt nun schon einige Jahre zurück, und ich hegte damals einen Wunsch, welcher mir sehr am Herzen lag. Es war eine sehr schwierige Situation, und darum brauchte ich unbedingt die Hilfe der Engel, um das dieser Wunsch für mich in Erfüllung gehen konnte.

Als ich ihnen diesen wissen lies, spürte ich Erzengel Michael mich fragen,

„ Hast du dir das wirklich gut überlegt? Es ist dein Wille."

Meine Antwort war positiv, denn ich wollte unbedingt,

dass mein Wunsch wahr werden würde.

Es hatte noch einige Wochen gedauert, doch diesen Sonntagnachmittag werde ich wohl mein Leben lang, nicht vergessen können. Mein Wunsch erfüllte sich an diesem Nachmittag. Doch nicht Freude erfüllte mein Herz, sondern ein unglaublicher, grausamer Schmerz.

Ich begann bitterlich zu weinen. Meine Seele schrie, und wusste mit ihrem Schmerz nicht wohin. Ich fühlte mich wie ohnmächtig, denn ich konnte mich diesem Schmerz nicht erwehren. Nie hätte ich es für möglich gehalten, dass ein Wunsch von mir, welcher sich erfüllen sollte, mich so unsagbar schmerzlich tief in der Seele treffen könnte.

Ich brauchte danach fast eine Woche um mich von diesen Gefühlen erholen zu können, und dachte an die Worte der Engel, welche sie mir schon mal vor langer Zeit mitteilten, „Der Wille bereitet Kummer".

Die Engel halfen meiner Seele sehr in dieser Zeit, obwohl sie mich ja vorher gewarnt hatten.

Seit diesem Tag, war ich vorsichtig, was meine Wünsche betraf.

Seit dem sind meine Wünsche die Wünsche der Engel.

Was ich mir allerdings wirklich am meisten wünsche, und von Herzen, es mag abgedroschen klingen, Gesundheit.

Vor einigen Jahren, waren mein Mann und ich im Urlaub. Wir hielten uns am schönen Königssee auf, und fuhren unter anderem auch nach Salzburg.

Dieser Urlaub war sehr schön. In dieser Zeit, besuchten wir viele Kirchen.

Salzburg gefiel mir gut, nicht nur der Dom. Es war gerade Pfingsten und ein unglaublicher Trubel in dieser Stadt.

Wir besuchten unter anderem auch die Stiftskirche St. Peter, und sahen den Erzbischof. Viele baten ihn, um ein gemeinsames Foto. Ich saß in einer Bankreihe nicht weit entfernt. Es waren viele Menschen unterwegs. Der Bischof kam den Gang entlang, sah mich an, und grüßte mich „Grüß Gott mein Kind." Ich fand ihn sympathisch, diesen älteren Gottesmann. Ich würde sagen, er hatte Charisma.

Und sein Gruß löste etwas in mir aus. So konnte ich mir keinen Reim darauf machen, dass er unter so vielen Menschen, mich ansah, und grüßte. Mir kam der Gedanke, das Salzburg vielleicht so klein ist, dass er alle seine „Schäfchen" kannte, und so bemerkte, das ich fremd war, mich aber keineswegs fremd in dieser Stadt fühlte.

Bevor wir wieder diese Kirche verlassen hatten, trug ich etwas, wie in einigen anderen Gotteshäusern zu vor auch, in das Gästebuch der Kirche ein. Ich fühlte mich glücklich, und so wünschte ich mir dies für alle Familienmitglieder, und formulierte diesen Wunsch und schrieb ihn ein. Schon viele Jahre hatte ich keine Verbindung mehr zu meiner Familie, doch spürte ich beim Schreiben, ich hatte ihnen verziehen und es liefen ein paar Tränchen über meine Wangen.

Ob mein ehrlicher Wunsch sich erfüllte, davon kann ich leider nicht berichten.

Nachwort

Nun bin ich am Schluss meiner Ausführungen angekommen. Einige Beispiele, bis zurück zu meiner Kindheit, durften Sie lesen.

All diese Erfahrungen haben mich zu einer Frau werden lassen, welche ich heute bin.

Vieles habe ich schon erlebt in meinem Leben, natürlich steht nicht alles in diesem Buch, doch eines habe ich verstanden,

mein Seelenfrieden ist mir so viel wert, dass ich gar nicht

anders konnte als meinen Seelenweg zu gehen. Das Nichtverstehen manch Anderer, das ich meinen Weg geh, hatte mich wenig berührt, aber so ist das Leben. Jeder muss seinen Seelenweg für sich gehen, wenn er sich dazu entschieden hat, oder wenn ihm einfach nichts anderes übrig bleibt. Denn ich für mich hab erkennen müssen, ich konnte mich nicht entscheiden, ich musste diesen Weg gehen. Immer wenn ich es anders wollte, anders versuchte, gab es wieder etwas, was mich auf den Weg meiner Seele zurück brachte.

Und um die Geschichte Jona, mit welcher ich meine am Anfang dieses Buches verglich, wieder aufzugreifen. Ja, ich habe wieder an Land gefunden, durch die Unterstützung der geistigen Welt, und ja, ich habe auch die Energie der Engel, und ihre Worte an so Manchen weitergegeben, und zweifelte am Anfang, ob ich es richtig tu. Doch mit der Zeit lernte ich zu vertrauen.

Maria Mutter Gottes sieht mit ihrem liebevollen Blick gerade zu mir.

„Kind du brauchst Ruhe" fühle ich sie sprechen. Und ich möchte ihren Worten gern Folge leisten, aber zuvor möchte ich mich von Ihnen gern verabschieden.

Liebe Leser,

ganz vielen Dank, für Ihr Interesse, an einem kleinen Einblick meiner spirituellen Entwicklung. Dies ist meine Geschichte. Meine Seele hat ihre Aufgabe, und somit habe ich meinen Weg. Die unguten Erfahrungen, welchen mich auf den spirituellen Weg brachten, waren nicht umsonst. Ich durfte aus ihnen lernen, auch wenn ich es damals nicht so verstand, und fühlte.

Nun verabschiede ich mich von Ihnen, und wünsche Ihnen viel

Liebe und alles Gute auf Ihrem Weg.

Herzlichst

Marion Jana Goeritz

Von Marion Jana Goeritz ebenfalls beim Verlag BoD erschienen

(BoD Books on Demand, Norderstedt, nähere Informationen finden Sie unter www.BoD.de)

„Liebe für die Seele Band 1"

ISBN 9783735740458

„Liebe für die Seele Band 2"

ISBN 9783735777348

„Seelenweiß"

ISBN 9783734757693

„Seelen essen Liebe gern"

ISBN 9783734787065